T0157533

التفكير باستخدام الحاسوب
في تعليم الرياضيات

رقم التصنيف: 371.334

المؤلف ومن هو في حكمه: آريان عبد الوهاب قادر باجلان

عنــوان الكتــاب: التفكير باستخدام الحاسوب في تعليم الرياضيات

رقم الإيـــداع: 2009/9/4108

الترقيم الدولي: ISBN: 978- 9957 - 454 - 84-5

الموضوع الرئيسي: الرياضيات// الحواسيب// طرق التعلم

بيانات النشــر: دار ديبونو للنشر والتوزيع- عمّــان - الأردن

* تم إعداد بيانات الفهرســة والتصنيف الأولية من قبل دائرة المكتبة الوطنية

الطبعة الأولى

ديبونو للطباعة والنشر والتوزيع

عضو اتحاد الناشرين الأردنيين

عضو اتحاد الناشرين العرب

يطلب هذا الكتاب مباشرة من مركز ديبونو لتعليم التفكير

عمّان- شارع الملكة رانيا- مجمع العيد التجاري - مبنى 320

مقابل مفروشات لبنى- ط4

هاتف: 962-6-5337003، 962-6-5337029

فاكس: 962-6-5337007

ص. ب: 831 الجبيهة 11941 المملكة الأردنية الهاشمية

E-mail: info@debono.edu.jo

www.debono.edu.jo

التفكير باستخدام الحاسوب
في تعليم الرياضيات

إعداد

آريان عبد الوهاب قادر باجلان
ماجستير علوم تربوية
طرق تدريس الرياضيات

الناشر
ديبونو للطباعة والنشر والتوزيع

بسم الله الرحمن الرحيم

" يريدون ليطفئوا نور الله بأفواههم و الله متم نوره
ولو كره الكافرون (8) "

صدق الله العظيم

(سورة الصف: 8)

الإهداء

إلى من سهرت الليالي ... وغمرتني بالحب والحنان
وأشعرتني بالسعادة و الأمان ... إلى شمس دنياي
والدتي الحنون ....

إلى أصدقاء عمري وأحباء قلبي
اخوتي الأعزاء....

إلى زوجتي وابني المدللين...

المحتـويات

الموضـوع | الصفحة

المخططات

المخطط | الصفحة

الجداول

الجدول | الصفحة

الفصل الأول

التعريف بالبحث

مشكلة البحث:

لا يخفى على أي مدرس للرياضيات الضعف لدى الكثير من الطلبة في تحصيلهم للمادة وعن عدم قدرتهم لاستيعاب الكثير من مواضيعها فضلا عن عدم تمكنهم في أساسيات تلك المادة وضعف القدرة عندهم على التفكير والتحليل ويؤيد ذلك دراسات عديدة منها دراسة (الكبيسي،2007:ص28).

وقد تزايدت في الآونة الأخيرة عدم جدية الطلبة في المذاكرة والاهتمام بالعلم للظروف التي مر بها العراق ومن بينها دروس الرياضيات التي لا تحتاج فقط للمذاكرة بل التركيز والتفكير ومما لا شك فيه هذا يزيد من هموم المدرس والذي بدوره يبحث عن أساليب لمساعدة الطالب، حيث أن الطالب حجر الأساس في منظومة التعليم الحديثة، فقد يكون من بين الأساليب المساندة له استخدام التقنيات الحديثة المتمثلة بأجهزة الكمبيوتر وشبكة الإنترنيت أو ما يعرف بالتفكير باستخدام الحاسوب حيث تتوافر اليوم الكثير من المنتديات على شبكة الانترنيت تساعد كل من الطالب والمدرس في تأدية واجباته فضلا عن وجود برامج تعليمية خاصة بالرياضيات مثلما هي متواجدة في دول عربية.

يمتاز التفكير باستخدام الحاسوب المتمثل بالانترنيت أو الحاسوب الشبكة والتي تعد كلفتها شبه معقولة جعلها تلبي احتياجات الطلبة والمدرسين على جميع مستوياتهم من التعليم واكتساب المعارف والمهارات، وتتوافق مع خصائصهم، فيتميز الفائقين بصفات وخصائص معينة مثل: الاستقلالية، وحب الاستطلاع والفضول والاستكشاف والبحث، والحصيلة اللغوية، وميلهم للاعتماد على أنفسهم في التعليم واكتساب الخبرات،

13

والقدرة العالية على التذكر، والاستفادة من الخبرات، وإصدار أحكام أكثر نضجاً فضلا عن تنوع الاهتمامات والأنشطة، وهذه الخصائص يمكن إشباعها من خلال التعلم عبر التفكير باستخدام الحاسوب حيث عمل على تحويل التعليم من الطرائق التقليدية إلى التعليم الفردي مع مراعاة الفروق الفردية بين المتعلمين، ومن ثم يستطيع المتعلم أن يسير حسب خطوه الذاتي (الزغول، 2005:ص258).

ومما لا شك فيه أن استخدام التقنية في التعليم له تأثير ايجابي على أداء مدرسي ومدرسات الرياضيات حيث حولت التعليم إلى عملية سهلة يمكن الحصول عليها في ثوان وتوفر وقتا كبيرا وجهدا في إيصال المعلومات للطلبة وفهم التقنيات التطبيقية.

أن تقنية التعليم يساعد المعلم على مواكبة النظرة التربوية الحديثة التي تعد المتعلم محور العملية التعليمية التعلمية، وتسعى إلى تنميته من مختلف جوانبه الفسيولوجية، والمعرفية واللغوية، والانفعالية، والخلقية الاجتماعية . (مرعي والحيلة، 1998: ص 54)

انطلاقا من هذا يصبح استخدام التقنية الحديثة كالحاسب الآلي والانترنت وتوظيفها في العملية التعليمية يعد مطلبا أساسيا في الوقت الحاضر لإثراء العملية التعليمية والاطلاع على كل جديد في المعلومات العلمية وتبادل الآراء والمعلومات والخبرات العلمية مع المتخصصين والنهوض بمستوى البحث العلمي والدراسات العليا. وأصبح من الضروري اطلاع مدرسي ومدرسات الرياضيات على هذه التقنية المتقدمة يوما بعد يوم ومواكبة كل جديد وخاصة في دروس الرياضيات، وبدعوتنا هذه إلى التفكير باستخدام الحاسوب ليس تعليما بديلا تماما عن التعليم الاعتيادي المتعارف عليه، وهو ليس تعليما ثانويا، بل أنه نوع جديد وإضافة لما هو موجود لمواجهة المواقف الجديدة بأعباء أضافية، وبذلك فهو يتكامل مع التعليم الاعتيادي ويكون معه نظام متكامل للتعليم والتدريس. (الحصيني، 2006، ص 1)

أن ثورة المعلومات، والتكنولوجيا في بعض دول العالم، تفرض علينا أن نتحرك بسرعة وفاعلية، لنلحق بركب هذه الثورة، لأن من يفقد في هذا السباق العلمي

14

والمعلوماتي مكانته، لن يفقد فحسب صدارته، ولكنه يفقد قبل ذلك إرادته، وهذا احتمال لا نطيقه ولا يصح أن نتعرض له.

أن هذا الأمر يتحتم معه مواجهة هذا التحدي والتعامل مع معطياته، لتمكين أبناء العراق العيش في القرن الحادي والعشرين، وهم مسلحون بلغة العصر الجديد ومفاهيمه وآلياته، بالقدر الذي يؤهلهم للتعامل الجيد مع آليات العصر، واحترام الوقت واستثماره، والقدرة على التكيف مع الظروف المحيطة.

إلا أن الواقع قد لا يشير إلى توظيف مثل هذه التقنيات، حيث قام الباحث بتطبيق استبيانه من عدة أسئلة على مجموعة استطلاعية من (20) مدرس ومدرسة للرياضيات يدرسون في المدارس المتوسطة محافظة الأنبار، كأداة لجمع البيانات للمشكلة التي شعر بها الباحث، وبعد الاطلاع على الإجابات كان من بين النتائج التي توصل إليها هي أن الصعوبات التي تواجه المدرسين في عدم استخدام التفكير باستخدام الحاسوب يعود إلى عدم إلمامهم بكيفية استخدام الحاسوب والانترنت بشكل عام وفي تدريس الرياضيات بشكل خاص، وعدم توافر دورات تدريبية على استخدامه أو حتى نشرات توضح ذلك، وعدم توفر أجهزة الحاسوب وصعوبة الحصول عليها بمجهوده الشخصي فقط، وعدم وجود كراسات أو برامج خاصة لاستخدامه وان توفرت في بعض المدارس فإنها لا تواكب التطور الحاصل في هذا المجال، وعدم توفر الدعم الفني، فضلا عن الانقطاعات المستمرة في التيار الكهربائي، فضلا عن الكلفة العالية للحاسوب وأجور اشتراك شبكة الاتصال المرتفعة نسبيا، والقلق والخوف من الاستخدام الخاطئ للانترنت ما كون اتجاهات سلبية نحو استخدامه، والخوف من وصول الطلبة إلى مواقع غير تربوية والخوف من تشتت معلومات الطلبة عند استخدامهم الإنترنت، كذلك عدم إلمام المدرسين باللغات الأجنبية الأخرى.

وعلى الرغم من وجود مادة مستقلة (الحاسوب) تدرس في بعض ثانويات القطر إلا إنها هي الأخرى تأخذ جانب نظري بحت مما يؤدي إلى نفور الطلبة من دراسته.

ومن هنا تبرز مشكلة البحث للإجابة عن السؤال الآتي:

مدى توظيف التفكير باستخدام الحاسوب في تدريس الرياضيات من قبل مدرسي ومدرسات المادة واتجاههم نحو استخدامه ؟

أهمية البحث

شهدت العقود الأخيرة تغيرات متلاحقة وسريعة في تقنية المعلومات وتطورات هائلة ومتسارعة في شتى مجالات العلوم المختلفة وأحدها تسهيل وسائل الاتصال المختلفة، مما أدى إلى إيجاد واقع جديد من شأنه إحداث تغيرات كبيرة في شتى مناحي الحياة، ولعل أبرزها إعادة النظر في عمليتي التعليم والتعلم، وتشجيع الطلبة على التعلم الذاتي وتنمية التفكير العلمي لديهم والتخلص من التلقين والحفظ، لذا كان لزامًا على كل مجتمع يريد اللحاق بالعصر المعلوماتي أن ينشئ أجياله على تعلم مهارات تكنولوجيا المعلومات ويؤهلهم لمواجهة التغيرات المتسارعة في هذا العصر (عيادات، 2004:ص18-19).

تشكل تكنولوجيا المعلومات والاتصالات الحديثة مجموعة متنوعة من المصادر والأدوات التقنية التي تستخدم في نقل وابتكار ونشر وتخزين وإدارة المعلومات لإعداد الطلبة للقرن الحادي والعشرين. وتعتبر هذه العمليات كلها جزءًا لا يتجزأ من العملية التعليمية، ومن بين وسائل تكنولوجيا المعلومات والاتصالات، الفيديو التفاعلي، الوسائط المتعددة، الأقراص المضغوطة، البث التلفزيوني الفضائي، تقنيات شبكة الانترنت كالكتب الإلكترونية، قواعد البيانات، الموسوعات، الدوريات، المواقع التعليمية، البريد الإلكتروني، البريد الصوتي، التخاطب الكتابي، التخاطب الصوتي، المؤتمرات المرئية، الفصول الدراسية الافتراضية على الشبكة، المكتبات الرقمية، التلفزيون التفاعلي، التعليم الإلكتروني، التعليم عن بعد، الجامعات الافتراضية (فادي، 2003:ص2).

أدت هذه المعلومات المتسارعة في ثورة المعلوماتية والانفجار المعرفي الذي تعيشه دول العالم هذه الأيام إلى أن يجعلهم يتسابقون من اجل بناء المجتمع المعلوماتي في مجال الاتصالات، وبهذا أدخلت هذه المعلومات كمتغير اجتماعي جديد على قطاع التربية والتعليم وجعلتها أمام تحدي كبير. (جلال، 2001:ص 59)

فرضت تكنولوجيا المعلومات على المؤسسات التربوية ومن ضمنها مؤسسات إعداد المعلم والمتعلم أعباء وأدوارًا ومهاما جديدة حيث تغير دور كل أعمالهما، إذ أن التربية نوع من النشاط يهدف الى تنمية قدرات الفرد واتجاهاته، وغيرها من أشكال السلوك ذات القيمة الايجابية في المجتمع الذي يعيش فيه، يعد المعلم ناقلا للمعرفة فقط، بل تعدى ذلك ليشمل دور الخبير أو المستشار التعليمي أو الموجه لطلابه، ودور المشرف والمرشد، ودور الباحث والمحلل العلمي، ودور المختص والمتمرس بمادته العلمية، ودور المختص التكنولوجي، ودور المعلم الفعال الذي يتفاعل مع طلابه لمساعدتهم على النمو المتكامل، ودور المجدد الذي يساعد تلاميذه على الإبداع والابتكار، ودور المواكب لتطورات العصر، وهذه الأدوار المستقبلية الجديدة تحتم على المعلم الإلمام بمهارات تكنولوجيا المعلومات بحيث يستطيع أن يقوم بهذه الأدوار التي تخرجه عن الدور التقليدي المتبع والسائد في مؤسسات إعداد المعلمين، فالتربية تعليم منظم مقصود، يهدف إلى نقل المعرفة وكسب المهارات النافعة في كل مناشط الحياة. (الهاشمي والدليمي 2008:ص 20)

لذا فقد توثقت العلاقة وتطورت بين التعليم والعمل وبين العالم والتكنولوجيا وأصبح لزاماً على إنسان الألفية الثالثة أن يناضل لأخذ مكان مناسب في المجتمع المحلي والدولي يضمن له الحياة الكريمة، وهذا ما أكدته بعض الدراسات إلى الربط بين استخدام التكنولوجيا التعليم والتعلم في استخدام الانترنت في تعليم العلوم ضمن موقع خاص على شبكة الانترنت تم بناءه خصيصاً لهذا الغرض واشتمل على ملفات خاصة يستطيع الطلبة من خلالها تقييم أدائهم بشكل ذاتي والسماح لهم بتبادل الخبرات مع زملائهم

حول الموضوع، ويؤمن المستقبل الواعد لهم عن طريق تعظيم مخرجات المؤسسات التعليمية والبحثية والتدريبية والارتقاء بعائدها ومردودها. (شحاتة وابو الخيل، 2002: ص95)

ومن الاهتمام بتكنولوجيا التعليم نجد أن الاهتمام بالوسائل التعليمية قد زاد بشكل اكبر من السابق منذ اكتشاف الجديد منها كالتلفزيون، والأقمار الصناعية والفيديو دسك، والقنوات الفضائية والانترنت، وأصبحت تلك الوسائل جزءً متكاملاً من العناصر التي تكون عملية الاتصال، لذا شهد العصر الحديث إدخال التكنولوجيا الالكترونية الحديثة كوسائل تعليمية في مرحلة التعليم العالي، ويعد الانترنت أحد هذه الأجهزة، بحيث ألغيت حواجز الزمان والمكان على مستوى العالم وأصبح بالإمكان ربط الطلبة وتدريسي بطريقة الكترونية عن بعد، بحيث يواجه كل منهم الأخر. (Keegan, 1995: p. 45)

لذا ينبغي أن يكون لدى المدرسين والطلبة خبرة كافية في استخدام تكنولوجيا المعلومات الحديثة كوسيلة تعليمية مع توفر بنية تحتية مناسبة ومتوافرة لمضاعفة درجة الاستفادة من إمكانيات هذه التكنولوجيا. (Kirk, 1995:p. 26)

كما يمكن عد الوسائل التعليمية والتقنيات التربوية بأنها الأدوات والآلات المختلفة التي يستخدمها المدرس لتقصي ونقل المعرفة العلمية إلى الطلبة سواء تم ذلك داخل الصف أو خارجه بقصد تحسين ورفع نوعية العملية التدريسية وبلوغ الأهداف التدريسية المنشودة في أقل وقت وجهد ممكن، وعليه تعد الوسائل التعليمية هدفاً تربوياً في مجال التعليم، أي تستخدم لإغراض تعليمية تربوية علمية لرفع الكفاءة التعليمية وتوجيه عملية التعليم الوجهة المنشودة وتحسين نوعية التعلم، هذا ويؤكد الأدب العلمي على أهمية استخدام الوسائل والتقنيات التعليمية المختلفة في عملية التدريس الناجح وذلك من خلال الفوائد التربوية العلمية التي تقدمها تلك الوسائل التعليمية. (زيتون، 2004:ص274)

المعلم يعد الركيزة الأساسية في العملية التربوية والعامل الأساسي الذي يتوقف عليه نجاحها وبلوغ غاياتها فإن قضية إعداده وتأهيله وتدريبه مهنياً وعلمياً وثقافياً حتى يمكنه القيام بدوره بشكل ناجح وفعال تعد من أهم القضايا التربوية في مختلف المراحل التعليمية والتخصصات العلمية. (المانعي، 1996:ص146-161)

يحتاج المعلمون إلى أن يدربوا كي يصبحوا وسيله ميسره لبناء المعرفة، بدلا من دورهم التقليدي الحالي كناقلين للمعرفة، ذلك الدور الذي سيصبح في القريب العاجل شيئا من الماضي، وعليه فإنه يجب تدريب المعلمين فيما يتعلق بتقنيه الحاسوب، والبرمجيات التربوية، والانترنيت وكيفية إدخال المعرفة ودمجها في الصف، وهذا من شأنه أن يحفز العملية التعليمية، وسيصبح المدرسون خبراء في أثناء استخدامهم لبرمجيات الأقراص المدمجة مع طلبتهم، وشيئا فشيئا يصبح المعلمون مع طلبتهم "بناة للمعرفة" ويتحولون تدريجيا عن دورهم الحالي، كملقنين للمعرفة. (بدران، 2000: ص137)

بالرغم من الدور الذي يمكن أن تلعبه تقنيات المعلومات في توصيل المعرفة للطالب مباشره، فإنه لا يمكن أن نذهب إلى حد إلغاء دور المعلم والاستغناء عنه، فالمعلم لازال هو حجر الزاوية في العملية التربوية لما يمكن أن يقوم به من دور كبير في تهيئه الجو الملائم لنمو المتعلم النفسي والعقلي، واستثارة الميل والرغبة في التعليم، وتكوين اتجاهات ايجابيه نحو المجتمع والحياة بشكل عام، فإضافة إلى دوره التعليمي، يقوم المعلم أيضا بأدوار أخرى مثل الإشراف والإرشاد وتنظيم نشاطات أخرى خارجة عن نطاق المنهج المدرسي.

أما في إطار تقنيات التعليم سوف يتغير دور المعلم الأساسي كأداة لتوصيل المعرفة، وسوف تضاف إليه مهام أخرى أكثر تعقيدا، منها على سبيل المثال: صانع قرار، مخطط مناهج، مصمم تعليم، مرشد، موجه، خبير في نظم المعلومات، وقادرا على إدارة العملية التعليمية الفعالة والمتفاعلة مع البيئة التقنية.

كما أن هذا الدور الجديد الذي يجب أن يلعبه المعلم سوف يكون له انعكاسات

واضحة على برامج تأهيل وإعداد المعلمين، فلإعداد معلم القرن الحادي والعشرين إعداداً سليماً يتواكب مع متطلبات هذا العصر، ومع حاجات المجتمع التعليمية، وأهدافه التنموية لابد من إجراء تعديلات جوهرية في برامج إعداد المعلمين، وان تتسم هذه البرامج بمميزات كثيرة منها على سبيل المثال:

1- أن تكون برامج إعداد المعلمين قبل أو في أثناء الخدمة مبنية على مسح شامل لحاجات المعلمين التعليمية، والمهنية وأن تستجيب للتساؤلات، والمشاكل التي يواجهونها، او سوف يواجهونها في البيئة التعليمية المتغيرة.

2- أن تتضمن برامج إعداد المعلمين أهدافاً جديدة تتعلق بدور المعلم كمصمم تعليم، وموجه، ومرشد، وباحث، وخبير معلومات، وصانع قرار.

3- أن لا تركز برامج إعداد المعلمين في مناهجها على مادة التخصص، وطرق تدريسها فقط، بل أيضاً على أنشطة مختلفة تهدف إلى تنمية مهارات التحليل والتقويم وحل المشكلات والتفكير والإبداع والتنبؤ، والتكيف الناجح مع ظروف البيئة التعليمية المختلفة.

4- يجب أن تعطي برامج إعداد المعلمين فرصاً اكبر للمعلم للتدريب على إجراء البحوث، والتجارب الفردية في صفه وعلى طلابه. وذلك لتجريب الطرق التي تتناسب مع واقعه، وطلابه. كما يجب أيضا اطلاع المعلمين عن طريق الندوات والمؤتمرات على أحدث البحوث المتعلقة بعمليتي التعليم والتعلم.

5- يجب أن تتضمن برامج إعداد المعلمين تدريباً مكثفاً على استخدام الأنواع المختلفة من تقنيات المعلومات. كما يجب أيضاً أن يدرب المعلم تدريباً فعالاً وايجابياً على كيفية الحصول على المعلومات، وتنظيمها، واختيار الأسلوب الأمثل لاستخدامها في بيئات تعليمية مختلفة. (المجالي، 2005:ص63)

أكدت العديد من الدراسات أن التعلم باستخدام التقنيات أو ما يدعى (التعليم

الالكتروني) مفيد للطلبة وأنه يساعدهم على فهم واستيعاب المفاهيم المختلفة بطريقة أفضل. كما أن بعض الدراسات حثت الجامعات والمؤسسات التعليمية على تدريب المعلمين على كيفية استخدام البرامج الحاسوبية المختلفة ذات العلاقة بالتخصص (Abramovich et al, 1999:p12).

أصبح التعليم ومؤسساته يتطوران بسرعة كبيرة وملحوظة، حيث تم تعزيز بعض الطرائق التدريسية التقليدية بطرائق حديثة معتمدا على استخدام التفكير باستخدام الحاسوب وتقنياته وأساليبه ووسائله لغرض الاستفادة من الخصائص والمميزات التي تتمتع بها هذه التقنيات من اجل تطوير تعلم الطلبة وزيادة مستوى تحصيلهم الدراسي وتنمية تفكيرهم العلمي، وبهذا فتحت آفاقا جديدة لتطوير التعليم، وتقديم نوعيات جديدة منه تساهم في تطوير الطلبة والمجتمع. كما أن الاستخدامات المتنوعة لتقنيات الاتصال ووسائلها التفاعلية يمكن أن تقدم الكثير من الحلول للمشكلات التعليمية، وإشباع الحاجات التعليمية المختلفة. لذا تزايدت أهمية استخدام تقنيات الاتصال والتفكير باستخدام الحاسوب في التعليم، فأستخدم الراديو والتلفزيون والفيديو والحاسوب، وتنوعت استخداماتها لتحقيق الأهداف التعليمية، كما أدى تطور الحاسوب وظهور شبكة الانترنت إلى وضع العالم أمام ثورة جديدة في مجال التعليم، وفتحت مجالا واسعا لأنواع جديدة من التعليم إضافة للتعليم الالكتروني مثل التعليم المفتوح والتعلم عن بعد. (سليمان وسمية، 2006، ص 1)

عند البلدان المتقدمة أصبح استخدام الحاسوب وسيلة تعليمية أمراً لابد منه، فمعظم مدارس الولايات المتحدة الأمريكية أدخلت خدمة الانترنيت في صفوفها وأصبحت تستخدمها وسيلة تعليمية، وفي السنوات الأخيرة أخذت التكنولوجيا تفرض نفسها في مجال التعليم، وأصبح لها دور بالغ الأهمية في عملية التعلم والتعليم، ولا يخفى ما للوسائل من دور كبير في مساعدة المعلم الناجح دون غيره على أداء مهمته التدريسية على خير وجه، وأصبح لزاماً على المعلمين مع تطور استعمال الحاسوب في

التعليم أن يتعلموا كيف يتعاملوا ويتواكبوا مع هذه التقنية للوصول إلى أقصى حد من الفائدة والفرصة لطلبتهم. (العجلوني، 2001:ص 85).

يهدف التفكير باستخدام الحاسوب إلى محاولة تعويض النقص الحاصل في الملاكات التدريسية والتدريبية في بعض القطاعات التعليمية عن طريق الصفوف الافتراضية، والمساعدة في نشر التقنية في المجتمع، وإعطاء مفهوم أوسع للتعليم المستمر، وإعداد جيل من الخريجين القادرين على التعامل مع التقنية ومهارات العصر والتطورات الهائلة التي يشهدها العالم، وتوفير بيئة تفاعلية غنية ومتعددة المصادر تخدم العملية التعليمية بكافة محاورها، وتعزيز العلاقة بين أولياء أمور الطلبة والمدرسة، وبين المدرسة والبيئة الخارجية، وتعزيز عملية التفاعل بين الطلبة والمدرسين والمدربين، من خلال تبادل الخبرات التربوية والآراء والمناقشات والحوارات الهادفة، بالاستعانة بقنوات الاتصال المختلفة مثل البريد الالكتروني وغرفة الصف الافتراضية. (الشناق وحسن، 2006، ص 2).

من فوائد التفكير باستخدام الحاسوب القدرة على تلبية احتياجات المتعلمين الفردية بحيث يتعلم الطلبة حسب سرعتهم الذاتية، وتوفير تكلفة التدريب مثل الإقامة والسفر والكتب، وتحسين الاحتفاظ بالمعلومات، والوصول إلى المعلومات في الوقت المناسب، وسرعة تحديث المعلومات في الشبكة، وتوحيد المحتوى والمعلومات لجميع المستخدمين، وتحسين التعاون والتفاعلية بين الطلبة، ويقلل من شعور الطالب بالإحراج أمام زملائه عند ارتكابه خطأ ما. (Codone, 2001, p. 1)

التفكير باستخدام الحاسوب يبنى على مشاركة الطالب في نشاطات التعليم، مما يخلق جوا من الإقبال على التعلم، والرغبة في متابعته، بخلاف الطرائق التسلطية في التعليم والتي تخلق جوا من النفور والابتعاد عنه، ويكتسب المتعلم مهارة كيفية التعلم من جهة وهذا يعني تعلمه مدى الحياة، مما يخلق الدافعية والاتجاهات المناسبة لعملية التعلم من جهة ثانية، والى مساعدة الطالب على تطوير ذاته كذات متعلمة من جهة ثالثة. ولعل التفكير باستخدام الحاسوب في الوقت الحاضر خير وسيلة لتعويد المتعلم

على التعلم المستمر، والذي يساعد المتعلم على تعليم نفسه مدى الحياة، وهذا يمكنه من تثقيف نفسه وإثراء المعلومات من حوله كما أن خصائصه كمرونة الوقت وسهولة الاستخدام تتناسب مع الخصائص النفسية للمتعلمين على مستوى طلبة التعليم العالي. (المبيريك، 2005، ص 10)

التفكير باستخدام الحاسوب ليس تعليما بديلا تماما عن التعليم الاعتيادي المتعارف عليه، وهو ليس تعليما ثانويا، بل أنه نوع جديد وإضافة لما هو موجود لمواجهة المواقف الجديدة بأعباء أضافية، وبذلك فهو يتكامل مع التعليم الاعتيادي ويكون معه نظام متكامل للتعليم والتدريس. (الحصيني، 2006، ص 1)

ويعد التفكير باستخدام الحاسوب حصيلة كل ما تنتجه حقول المعرفة المختلفة: التربوية بشكل خاص، والعلوم النظرية التطبيقية بشكل عام، في بناء مجال معرفي يعنى بتصميم العملية التعليمية، وتطويرها، وتنفيذها، وتقويمها، لذا هو علم متجدد لا يقف عند حدود استخدام الأجهزة التعليمية وصيانتها، بل إنه يتأثر بالتغيرات النظرية التي تواجه المجال وتطبيقاته، ويلاحظ كيف تأثر المجال بالتحولات النظرية من مدرسة علم النفس السلوكية إلى المدرسة الإدراكية ثم إلى المدرسة البنيوية (حسين، 1994:ص6).

قد يحقق التفكير باستخدام الحاسوب جملة من الفوائد منها:

1- التعلم في جماعات تتمكن من استخدام البرمجيات التعاونية متعددة الوسائط والبريد الالكتروني.

2- المعلمون قادة ومرشدين مطلوبين لتعلم طلابهم من خلال استخدامهم الخبرة للحاسبات وشبكات المعلومات المحلية والعالمية.

3- تتيح شبكات المعلومات المحلية والعالمية وأدوات إنتاج البرمجيات المختلفة للمعلمين التغلب على مشكلة التغيير الهادر في محتوى المواد التعليمية.

4- يحل التنوع في الموضوعات والمحتوى المناسب لتنوع الطلاب محل التجانس المفروض حالياً بحجة أن أي شيء يناسب الكل.

5- قد يصل تحصيل الطلاب إلى درجة الإتقان كونه يتم عن طريق العمل والمحاكاة.

6- يتحقق انتقال أثر التعلم، كونه تم عن طريق التمرس.

7- يتم التعلم في وقت أقل، دون إهدار لأي جهد أو وقت.

8- تتحسن اتجاهات الطلاب والمعلمين نحو التعليم والتعلم من جهة، ونحو المدرسة والمجتمع من جهة أخرى.

9- تنخفض تكلفة التعليم على المدى الطويل. (الفار، 2000:ص170)

فكرة توظيف التفكير باستخدام الحاسوب في خدمة التعليم من الأفكار التي بمقدورها أن تصبح وسيلة نشطة لتنمية قدرات الفرد لأنه مع عصر توظيف التقنية في خدمة التعليم يتسع نطاق إمكانيات إيجاد حلول للعديد من القضايا الهامة في مجال التعليم والتعلم، ويؤيد كثير من المشتغلين في ميدان التقنيات التربوية آمالا واسعة على الدور الذي تلعبه في العملية التربوية، ويشهد على ذلك ما يجري حالياً من إدخال التقنية في العملية التربوية في جميع الدول وعلى كافة المستويات والتي تؤكد على ضرورة إدخال التقنية الحديثة إلى مناهجها وخططها التعليمية للمساعدة على تعليم المواد الدراسية في المراحل الدراسية المختلفة عن طريق توظيف التقنية في خدمة التعليم؛ بهدف تأهيل خريجيها إلى التفاعل مع المحيط بكفاءة وفاعلية ولمواجهة تحديات القرن الواحد والعشرين، إذ أن توظيف التقنية في خدمة التعليم يساعد على مراعاة الفروق الفردية، وتقديم التغذية الراجعة للمتعلم، وزيادة التحصيل، واكتساب مهارات التعلم ومهارات استخدام الحاسب الآلي المستخدمة في العملية التعليمية، واكتساب الميول والاتجاهات الإيجابية إلى دراسة المواد التعليمية، وتقليل زمن التعلم، وتنمية مهارات حل المشكلات، وتنفيذ العديد من التجارب الصعبة، وتثبيت المفاهيم وتقريبها، وحفظ الحقائق التاريخية، وتقليل العبء الواقع على المعلم. (عبدالحافظ:1992ص23-24).

أصبح توظيف التفكير باستخدام الحاسوب في خدمة التعليم في المدرسة الحديثة في

مجتمعاتنا ضرورة حتمية لأنها بحاجة إلى شخصيات قادرة على مواكبة تغيرات وتطورات العصر وبحاجة إلى فئة العمالة الماهرة في قوة العمل "ففي دراسة عن تطور نسبة فئة العمالة الماهرة في قوة العمل الأمريكية في الفترة من 1950-2000م أوضحت نتائجها أن نسبة هذه الفئة في تزايد مستمر، ففي عام 1950 كانت نسبتها تعادل 20% من قوة العمل الإجمالية.

وفي عام 1991م زادت إلى 45%، أما في عام 2000م فقد بلغت نسبتها 65% من إجمالي قوة العمل الأمريكية. كما تشير الدراسة إلى نقص الحاجة إلى العمالة غير الماهرة، ففي عام 1950 م كانت هذه الفئة تمثل 60% من قوة العمل، أما في عام 2000م فقد انخفضت إلى 15%، وهذا يدل على اهتمام الدول الغربية بمجال توظيف التفكير باستخدام الحاسوب في خدمة التعليم منذ فترة سابقة مما أدى إلى تطورها لأن تطور العلم وسيلة لتطور المجتمع. ولقد حثت المؤتمرات الدولية والإقليمية على ضرورة تطوير مناهج التعليم وتوظيف التقنية في خدمة التعليم في الفترة الأخيرة، حيث أكدت اليونسكو على ذلك في المؤتمر الدولي الأول للتعليم التقني والمهني في برلين بألمانيا عام 1987م، وفي المشروع الدولي للتعليم التقني والمهني عام 1992م، ونظمت الجمعية الأمريكية لعمداء القبول والتسجيل أول مؤتمر دولي للتعليم الالكتروني في مدينة دنفر بولاية كلورادو الأمريكية في عام 1997م وأتبع بقمة للمسؤولين عن هذا التعليم، وحضر القمة والمؤتمر مدراء جامعات وعمداء قبول في أهم مؤسسات التعليم الالكترونية في أمريكا ودول أخرى متعددة، وكان من أهم توصيات القمة والمؤتمر الآتي:

1- التفكير باستخدام الحاسوب وجميع وسائله ستكون ضرورية وشائعة لإكساب المتعلمين المهارات اللازمة للمستقبل.

2- التفكير باستخدام الحاسوب فتح آفاقا جديدة للمتعلمين لم تكن متاحة من قبل، وهي حلا واعدا لحاجات تلاميذ المستقبل.

3- يجب تطبيق ماتم التوصل إليه من منافع التفكير باستخدام الحاسوب مع عدم إغفال الواقع التعليمي المعتاد. (AACRAO, 1997)

وتوالت المؤتمرات الإقليمية والعربية التي عقدت منها عام 1998م في استراليا، اليونان، الإمارات العربية المتحدة، الإكوادور، كينيا، وفي المؤتمر الثاني للتعليم التقني والمهني الذي عقد في سيؤول بكوريا الجنوبية في أبريل عام 1999م، وهناك مؤتمرات ولقاءات دولية وعربية متنوعة مستمرة في هذا المجال مثل المؤتمر الدولي الأول لاستخدام تكنولوجيا المعلومات والاتصالات لتطوير التعليم قبل الجامعي في 22-24 ابريل عام 2007 في جمهورية مصر العربية، والملتقى الأكاديمي الثاني للتعليم الالكتروني في الهيئة العامة للتعليم التطبيقي في الكويت 2007، وخلص الملتقى إلى أن التفكير باستخدام الحاسوب لا يزال مهمشا في الدول العربية، وترتب على ذلك تراجع مستوى الخريجين.

وأخيرا فعاليات الملتقى الثاني لمعلمي الحاسب ومحضري معامل الحاسب تحت عنوان (نحو توظيف فاعل لتقنية المعلومات والاتصال في التعليم) الذي تنظمه الإدارة العامة للتربية والتعليم بمنطقة المدينة المنورة خلال الفترة 30 ابريل/ 2008، واشتمل برنامج اليوم الأول على بحوث التفكير باستخدام الحاسوب والتعليم عن بعد ومشروع الخطة الوطنية لتقنية المعلومات وامن الشبكات وحلول وتطبيقات الشبكات اللاسلكية ومشروع التفكير باستخدام الحاسوب بالوزارة "بوابة smart way التعليمية" وأقيمت في الفترة المسائية أربع دورات هي: لفوتوشوب، والشبكات اللاسلكية، ومقدمة في الموديل، والأدوات المساعدة في التدريب الالكتروني. (صحيفة عكاظ، 2008:ص5)

وأكد أكاديميون أن معظم الطلبة يستغلون الشبكة العنكبوتية في التسلية والكلام العادي على عكس الطلبة في الدول المتقدمة، رغم أن شبكة الانترنت أصبحت واقعا يفرض التساؤل عن حال التفكير باستخدام الحاسوب العربي، وأن التعليم التقليدي الذي لا يزال ساريا لدينا سيزيد من تدني مستوى الخريجين.

وتساءل احد الباحثين في الملتقى هل بالفعل تطور حال الطلبة بعد مرور سنوات من التعامل مع الانترنت ليصبح هذا التعلم مصدرا للتعليم، وهل تطور التعليم التقليدي حقا في ظل المستحدثات وخصوصا الانترنت أم تدنى؟ وماذا لاحظنا على

الطلبة بعد انتشار الانترنت؟ وهل المستحدثات بما فيها الانترنت شكل عبئا كبيرا على اقتصادنا؟ فقد تبين من خلال استبيان اجري على 58 طالبا وطالبة من قسم تكنولوجيا التعليم في كلية التربية الأساسية، وذلك بهدف معرفة رأيهم في استخدام الانترنت؟ وما هي ساعات استخدامهم؟ وهل يؤثر ذلك في استذكار مقررات القسم؟ وكشفت نتائج الاستبيان أن 88 في المائة يستخدمونه بمتوسط 4 ساعات يوميا، وساعتين أمام التلفزيون تزداد إلى الضعف في أيام الإجازات، ومع ذلك هم سعداء بذلك على الرغم من سلبياته. ولذا فقد جاءت المشكلة من أنه من منطلق أن هناك وقتا كبيرا يستهلكه الطلبة ما بين التلفزيون والانترنت وأضحت المستحدثات أمرا واقعا في ظل العولمة، ونحن بحاجة إلى دراسة الوجه الأخر لاستخدام الانترنت علاوة على الآراء المتباينة للتربويين وأولياء الأمور حول جدوى استخدام الانترنت من دون معرفة مقننة لسلبيات هذا النوع وأكد الملتقى على ضرورة الاستفادة من التقنيات الحديثة، وعدم اتخاذها لمجرد التسلية وتضييع الوقت، مطالبا بخطط لتكريس الوعي بمفاهيم التفكير باستخدام الحاسوب في المؤسسات التعليمية.

واستعرض باحث ما أسفرت عنه تكنولوجيا المعلومات والاتصالات الحديثة في تصميم المقررات وطرق تدريسها ومنها تقنية المؤتمرات المصورة عن بعد من خلال الانترنت لافتا إلى أن الجامعة استعادت كثيرا من هذه التقنيات بإجراء لقاءات مع طلبة وأكاديميين في مختلف أنحاء العالم.

أوصى الملتقى الأكاديمي أيضا على:

- إبراز أهمية التعلم الالكتروني في المدارس والجامعات العربية وتعزيز مفهوم الثقافة الالكترونية في المجتمع من خلال الوسائل الإعلامية المختلفة.

- استحداث طرق جديدة في تدريس مقررات تكنولوجيا التعليم، من خلال التعلم عن بعد بأنماطه المختلفة، كذلك الدعوة إلى أنشاء برنامج للتعلم الالكتروني في كلية التربية الأساسية.

- إنشاء قاعدة بيانات الكترونية عبر الانترنت تحتوي على مختلف الدراسات والبحوث والتقارير والكتب.

- زيادة الوعي بمفهوم التعلم الالكتروني من خلال إلحاق أعضاء هيئة التدريس في المدارس والجامعات بدورات لتدريبهم على مهارات تصميم التعلم وكيفية التخطيط له، وكذلك إلحاقهم بدورات تدريب على استخدام الوسائل التقنية.

- زيادة الوعي بأهمية استخدام اللغة العربية في النشر الالكتروني والنظر في أسباب ندرة انتشار المواقع العربية ومدى أهمية هذه المواقع في ثقافة المتعلم والتقني العربي.

- الاهتمام بإنتاج برامج الوسائط المتعددة التعليمية التفاعلية وفق المعايير التربوية والفنية الحديثة. (السلامة، 2007:ص25)

تعد فكرة توظيف التفكير باستخدام الحاسوب في خدمة التعليم من الأفكار التي بمقدورها أن تصبح وسيلة نشطة لتنمية قدرات الفرد لأنه مع عصر توظيف التقنية في خدمة التعليم يتسع نطاق إمكانيات إيجاد حلول للعديد من القضايا الهامة في مجال التعليم والتعلم، ويشهد على ذلك ما يجري حالياً من إدخال التقنية في العملية التربوية في جميع الدول وعلى كافة المستويات. لهذا ارتأت وزارات التربية والتعليم في بعض الدول العربية في ضرورة إدخال التقنية الحديثة إلى مناهجها وخططها التعليمية للمساعدة على تعليم المواد الدراسية في المراحل الدراسية المختلفة عن طريق توظيف التقنية في خدمة التعليم؛ بهدف تأهيل خريجيها إلى التفاعل مع المحيط بكفاءة وفاعلية ولمواجهة تحديات القرن الواحد والعشرين حيث يشير كثير من المشتغلين في ميدان التقنيات التربوية آمالا واسعة على الدور الذي تلعبه في العملية التربوية. (الكندي، 2005:ص13-15)

ومن بين الدول العربية المهتمة في توظيف التعلم الالكتروني الأردن ومصر ودول الخليج العربي فعلى سبيل المثال أطلقت وزارة التربية والتعليم بالشرقية في المملكة العربية السعودية أقراص مدمجة تحوي جميع المناهج الدراسية، كخطوة أولية لإطلاق

التفكير باستخدام الحاسوب في مجال التعليم والتدريب بالمملكة وذلك بهدف دمج التقنية بالتعليم والاستفادة من وسائل التقنية الحديثة والتعامل معها وفق مشاريع تطوير التعليم في السعودية، وقد عقدت الوزارة عدة ملتقيات للتعريف بالأقراص المدمجة والتدريب. (العيسى، 2007:ص2)

وتوجد مجموعة من التقنيات التعليمية يمكن توظيفها بفعالية في التدريس أهمها:

أ- المواد المطبوعة كالبرامج التعليمية ودليل الدروس والمقررات الدراسية.

ب - التكنولوجيا المعتمدة على الصوت (تكنولوجيا السمعيات).

ج - أقراص تعليمية معدة لتنفيذ كدروس الرياضيات.

د - البريد الإلكتروني.

وينبغي على المعلم أن يكتسب مهارات توظيف تلك التقنيات في مجال التعليم من خلال التدريس، حيث إن دوره لم يعد مقتصراً على عرض المادة الدراسية، وإنما أصبح يعتمد على توظيف التكنولوجيا في عرض المعرفة.

ويرى تشن لنج Chin-Ling أنه لكي يتم استخدام التكنولوجيا بفعَّالية في المدارس التدريس ينبغي الأخذ في الاعتبار أربع قضايا تربوية مهمة:

● **طبيعة التفاعل بين المعلم والمتعلم:** يجب أن ينتبه معلمو المدارس باستخدام التفكير باستخدام الحاسوب إلى نوعية التفاعل بين المعلمين والطلاب عند استخدامهم للتكنولوجيا. فمن الممكن أن تأخذ هذه الطبيعة اتجاه واحد كصفحة الإنترنت، أو تأخذ اتجاهين متضادين كالمناقشة بين المعلم والمتعلم، أو عدة اتجاهات كغُرف المناقشات.

● **استراتيجيات التعليم:** هناك العديد من استراتيجيات التعليم من الممكن أن يستخدمها المعلم في التعليم خلال التدريس عبر الإنترنت منها المحاضرات، والمقابلات التعليمية، ومجموعة المناقشة، والتدريبات، والمشاركة النشطة من قِبَل المتعلمين والتي تُعد إحدى

الاستراتيجيات المهمة التي ينبغي أن تُستخدم لزيادة تفاعل التعليم بينهم وبين المعلمين والمحتوى.

• **الدافعية:** من الاعتبارات المهمة في التعليم باستخدام التفكير باستخدام الحاسوب دافعية المتعلمين، حيث يتضح فيها تحكم المتعلم أكثر بالتعلم ؛ ولذلك ينبغي تنمية الدافعية لدى المتعلمين عند تصميم مواد التعليم من قِبَل المعلمين في هذا المجال من خلال طرائق مختلفة منها: استخدام المواد الفصلية التي تحافظ على نشاط الطلاب، واستخدام الوسائل السمعية البصرية والمعامل، وإجراء البحوث في مجال الكومبيوتر والقيام بأنشطة متنوعة في مجال الإنترنت. كل هذه الأساليب تنمي دافعية المتعلمين، وتحفزهم على الاستمرار في الدراسة.

• **التغذية الراجعة والتقييم:** وهذه القضية هي الأساس للتقويم المستمر، حيث تُعد التغذية الراجعة Feed Back والتحكم بها وتصحيحها ضمن النظام الداخلي للتعليم من خلال التدريس بشكل مستمر وشامل، والهدف من التغذية الراجعة والتقييم في المقام الأول تحسين المحتوى، ثم تحسين الطرائق والاستراتيجيات المتبعة، والوسائل التعليمية المُستخدمة في التدريس، وتحصيل الطلاب. وعموماً فإن التغذية الراجعة والتقييم يركزان على قدرة التكنولوجيا في السماح للمتعلمين بالتفاعل خلال العملية التعليمية عبر الإنترنت. (التودري، 2004:ص693-712)

أشار تقرير وزارة التربية البريطانية إلى أنواع مهارات تكنولوجيا المعلومات اللازمة للمعلمين والتي تمثلت في مهارات: استخدام المعلمين الحاسوب، ومهارة ربط الحاسوب بالمناهج الدراسية، ومهارة إدارة عملية تقويم الطلاب باستخدام الحاسوب. (Des,1991:p. 45)

أشارت دراسات عديدة إلى أهمية توظيف التفكير باستخدام الحاسوب خلال التدريس والبحث في معوقات استخدامه منها دراسة (فتح الباب 1995) والذي طالبت

بتوظيف الحاسوب وذلك لتوفير زمن التعلم وجعله مثمرا حيث أنه يساعد على تحقيق الأهداف التعليمية كمساعدة المتعلمين على التعرف على تطبيقات الحاسب الآلي واستخداماتها في الحياة وإجادتها ويساعد على إجادة المادة الدراسية وانتقائها كما يساعد على تدعيم المنهج في تناول موضوعات جديدة تكون عاملا في إحداث التغيير(فتح الباب، 1995:ص53-59)،

توصلت دراسة جرانت وسكوت (Grant & Scott 1996) إلى استخدام الإنترنت في الكليات يساعد على تطوير الأداء الأكاديمي لأعضاء هيئة التدريس، وتشجعهم على القيام بالأعمال البحثية المشتركة، وتأليف المراجع العلمية وإجراء الاجتماعات البحثية الهادفة. وقد أيد أفراد العينة ضرورة تطبيق التقنية الحديثة ومنها شبكة الإنترنت في التعليم. (Grant & Scott, 1996: p151-165)

كما أشارت دراسة (همشري وبوعزة 1998) حول واقع استخدام شبكة الإنترنت من قبل أعضاء هيئة التدريس بجامعة السلطان قابوس، توصلت الدراسة إلى أن معظم أعضاء هيئة التدريس يستخدمون البريد الإلكتروني، والتصفح، وزيارة المواقع المتعددة من أجل البحث عن المعلومات، على الرغم من وجود بطء الاتصال والازدحام في الشبكة من أهم الصعوبات التي واجهتهم في استخدام الشبكة. (همشري وبوعزة 1998:ص328-341)

هدفت (دراسة الجودي 2003) للتحقق من عدد من الجوانب المهمة لمشكلة استخدام الحاسب الآلي بين أعضاء هيئة التدريس وطلاب كليات المعلمين في المملكة العربية السعودية وتم فيها التركيز على عدد من المحاور من أهمها الخبرات الحالية التي يتمتع بها أعضاء هيئة التدريس ومدى إلمامهم باستخدام الحاسب الآلي، وتقويم المعلومات المعرفية لأعضاء هيئة التدريس عن الحاسب الآلي وفهمهم لوظيفته، والتعرف على الاحتياجات التدريبية العامة التي يشعر أعضاء هيئة التدريس بأنهم في حاجة للإلمام بها وتضمينها في مواد دراسية أو برامج تدريبية لهم. والتعرف على

اتجاهات أعضاء هيئة التدريس تجاه تقنية المعلومات بشكل عام والحاسب الآلي بشكل خاص. ثم مدى توفر التجهيزات المادية والبشرية لأعضاء هيئة التدريس بكليات المعلمين وطلابهم على استخدام تقنية المعلومات بشكل مقبول. وبينت نتائج هذه الدراسة أن ربع عينة البحث من أعضاء هيئة التدريس وحوالي الثلث من الطلاب أفادوا بأنهم لا يملكون أي خبره في مجال الحاسب الآلي، وأن ثلث أعضاء هيئة التدريس وحوالي نصف الطلاب لا يستخدمون الحاسب الآلي نهائيا، ولا تتوفر لهم أجهزة حاسب للاستخدام في المنزل أو في الكلية أو لدى الأصدقاء ولم يتلقوا أي تدريب في هذا المجال وليس بإمكانهم استخدام أي من البرامج التطبيقية الواسعة الانتشار وأن هناك عجزا في توفير من يقوم بالتدريب على الحاسب الآلي. كما وجد أن ثقافة عينة الدراسة تعد متوسطة أو أقل من المتوسطة وأشارت عينة الدراسة إلى أهمية التعرف على الانترنت والاستفادة منها في التعليم والتعلم وعلى أهمية إدخال المعلومات إلى الحاسب وإخراجها وإلى أهمية تعلم كيفية الاستفادة من الحاسب الآلي في تنظيم الأعمال المدرسية(الجودي، 2003:ص184-191).

كما أشار (Thuleen, 2003) إلى دور التفكير باستخدام الحاسوب في تعليم المواد العلمية والإنسانية داخل قاعة الدرس والبيت. إذ ترفد هذه التقنية التعليم بأحدث المعلومات وتختصر الوقت إضافةً إلى حثها الطلبة ومساعدتهم على التعلم لما لها من عنصر الترغيب والتشويق(Thuleen, 2003:1).

ومع ما ذكر من أهمية في التفكير باستخدام الحاسوب وتوظيفه لمساعدة كل من الطالب والمدرس إلا انه لا يخلو من سلبيات تتمثل بالآتي:

1- إن الحاسوب والانترنيت لا يجيب عن جميع الأسئلة التي يسألها الطالب.

2- المدرس قدوة لطلبته، فهم يستشفون بعض صفاته التي يحبونها، بينما التفكير باستخدام الحاسوب بامكان الطالب أن يسيره.

3- نحتاج إلى المعلم أن ينطق الكلمات التي تخرج من الحاسوب، ولهذا للمعلم دور إرشادي عند استخدام الحاسوب.

4- المعلم قد يستطيع أن يساعد الطالب في أي وقت خلافا للحاسوب الذي يحتاج إلى أجهزة مساندة وطاقة كهربائية للتشغيل.

5- قد لا يوجد عنصر للمناقشة أو الحوار بين الطالب والحاسوب، بعكس المدرس الذي يشجع ويحاور الطلبة في موضوعات قد لا يلم بها الحاسوب.

6- الحاسوب لا يوازي الإنسان، ولا يستطيع القيام بكل شيء، ولكنه ينفذ بعض الأوامر، التي يفعلها الإنسان، فقد يخرج صوت أو تظهر ألوان، لكنه في النهاية يعتبر أدق بكثير من الإنسان. كما أننا نستطيع أن نكبر ذاكرة الحاسوب، أما الإنسان فيمكن أن ننمي قدراته، ولكننا لا نستطيع أن نكبر ذاكرته، لأنها محدودة.

7- يؤدي دخول التفكير باستخدام الحاسوب إلى تقليص دور المدرس مما يؤدي إلى البطالة التكنولوجية.

8- عدم إلمام المدرس بالمادة العلمية الإلمام الكافي، ونقلها حرفيا كما هي، مبرمجة أو على أقراص جاهزة ومعدة سلفا وعدم إلمامه بكل جديد.

9- عملية التدريس التقليدية تعطي المدرس حرية أكثر ببعض القوانين وطرق التعليم.

10- أحيانا يسبب التفكير باستخدام الحاسوب عدم الثقة بالنفس للمدرس لخوفه من الفشل وعدم النجاح.

11- يحتاج إلى وقت فراغ من المدرس لدمجه مع المجال التربوي والاجتماعي.

12- قد ينزع التفكير باستخدام الحاسوب الروح الإنسانية من الحياة التدريسية، فيضيع دور المدرسين الوجداني.

13- تشتت الانتباه لمن يستعمله بطريقة مكثفة.

14- الاعتماد على التكنولوجيا بشكل كلي تقلل من مهارات الإنسان.

15- كثرة الجلوس أمام الحاسوب يسبب بعض الأمراض مثل الديسك وتوتر الجهاز العصبي والانطواء، ضعف النظر.

16- تقلل من فرص العمل لان مهارات الإنسان تقل باستعمال الحاسوب المكثف.

17- مكلفة إذا كان لم نحسن استخدامها.

18- تحتاج إلى ضبط داخلي خوفا من سلوكات سيئة.

19- عدم وجود فنيين لتصحيح الأعطال في البرمجيات أو الصيانة بصورة دائما حسب الطلب.

20- الاستخدام المفرط للتكنولوجيا يورث الكسل، وانعدام بعض السلوكيات مثل سوء الخط. (محمد، 1999:ص23-29).

ليست العوائق المالية أو الفنية هي السبب الرئيسي من استخدام التقنية، بل إن العنصر البشري له دور كبير في ذلك، وقد ذكر (Michels,1996) في دراسته (استخدام التفكير باستخدام الحاسوب من قبل أعضاء هيئة التدريس) أنه بالرغم من تطبيقات الإنترنت في المصانع والغرف التجارية والأعمال الإدارية إلا أن تطبيقات (استخدام) هذه الشبكة في التعليم أقل من المتوقع ويسير ببطيء شديد عند المقارنة بما ينبغي أن يكون. وشدد على إن البحث في اتجاهات أعضاء هيئة التدريس نحو استخدام هذه التقنية وأهميتها في التعليم، أهم من معرفة تطبيقات هذه الشبكة في التعليم.

أما عن أسباب هذا العزوف من بعض أعضاء هيئة التدريس فهو راجع إلى عدم الوعي بأهمية هذه التقنية أولاً، وعدم القدرة على الاستخدام ثانياً، وعدم استخدام الحاسوب ثالثاً. والحل هو ضرورة وضع برامج تدريبية للمعلمين خاصة بكيفية استخدام الحاسب الآلي على وجه العموم أولاً وباستخدام الإنترنت على وجهة الخصوص ثانياً، وعن كيفية استخدام هذه التقنية في التعليم ثالثاً. (حسن، 2006:ص18)

أما عن معوقات استخدام التفكير باستخدام الحاسوب في العراق أشارة دراسة الركابي2006 إلى جملة معوقات من قبل مدرسي العلوم مع نسب التأيد تمثلت بالآتي:

1- عدم توافر الدعم المادي 100%.

2- عدم توافر الدورات التدريبية والتأهيلية 93.3% .

3- عدم توافر المناهج الدراسية 86.7%.

4- عدم إجادة اللغة الإنكليزية 83.3%.

5- مشاكل إدارية 66.7%.

6- عدم وعي بإمكانيات الانترنيت 46.7%.

7- الحاجز النفسي 40%.

8- صعوبة الوصول إلى المعلومات خلال الانترنيت 26.7%. (الركابي، 2006:ص4)

وما ذكر لا يقلل من أهمية التفكير باستخدام الحاسوب من غير الممكن أن يحل محل المدرس وإنما التفكير باستخدام الحاسوب بمنزلة اليد اليمنى له أو المساعد الكبير للمدرس.

وإذا كان استخدام التفكير باستخدام الحاسوب مقبولا بل ومطلوبا في المواد الدراسية المختلفة، فإن هذا الأمر يكتسب أهمية خاصة بالنسبة لتدريس مادة الرياضيات إذ تدريسها قد يكون أصعب من المادة نفسها (Moyer & Jones, 2004:p. 16-31)، فمن المعروف من يزاول مهنة تدريس الرياضيات أن الطلبة يواجهون صعوبات جمّة في تعلم الرياضيات بسبب بنائها التراكمي من جهة، ولما تتضمنه من تجريدات متعددة من جهة أخرى (Moyer, 2001:p175-197). ولمّا كان هناك اتفاق واضح بين التربويين على ضرورة توفير خبرات حسية أو شبه حسية متعددة للطلبة قبل تدريسهم مفاهيم مجردة ، فإنه من الضروري أن يتضمن تدريس الرياضيات استخدام مواد وأدوات محسوسة تُري الطلبة المعنى المتضمن في المفهوم الرياضي المجرد تمهيدا للانتقال بهم تدريجيا نحو المستوى المجرد الكامل (Van, 2001:p. 20).

تؤدي الرياضيات دورًا هامًا بين المقررات الدراسية في التعليم وفي الحياة العملية فهي لغة العلوم، ويصعب أو يستحيل أحيانًا بدون استخدام أدواتها مثل: المصطلحات

والمعادلات والنماذج التعبير عن كثير من المفاهيم العلمية وفي مجالات شتى. وعدت دول متقدمة مثل بريطانيا والولايات المتحدة وروسيا واليابان الرياضيات عاملاً مؤثرًا في التقدم والتنمية وأن الإبداع فيها مؤشر على توافر مقومات التقدم التقني، أن تدريسها يتطلب توفير فرص للمعلمين لتعلم كيفية استخدام التقنيات في رفع مستوى فهم الطالب للمفاهيم الرياضية المختلفة. (Drier, 2001:p.170-179)

لقد ادرك المجلس القومي لمعلمي الرياضيات في الولايات المتحدة (NCTM) قد أدرك أهمية التقنيات الحاسوبية في تدريس الرياضيات وأكد على ضرورة استخدامها بفاعلية في المدارس وبخاصة في المرحلة الابتدائية والتي تليها، ويأتي هذا التأكيد على استخدام التقنيات الحاسوبية ضمن الدعوة إلى استخدام تقنيات التعليم بمعناها الأوسع في تدريس الرياضيات. فقد اعتبرت التقنيات أحد المبادئ الستة الرئيسة التي تبناها المجلس في وثيقة مبادئ ومعايير الرياضيات المدرسية التي أصدرها عام 2000 (NCTM, 2000).

كثير من الدول عملت على تطوير تعليم الرياضيات فيها وأدخلت تعديلات أو أحدثت إصلاحات ويسرتها لغيرها من الدول. كما قام باحثون في تعليم الرياضيات ومعلمون لها في عمل أبحاث وتجارب في استخدام وتوظيف التقنيات الحديثة في تدريسها ، فعلى سبيل المثال ، أن المؤتمر الدولي التاسع لتعليم الرياضيات والمعقود في اليابان عام 2000م، والذي كان تحت عنوان (دور الرياضيات في التعليم العام في القرن الواحد العشرين) تعرض فيه عدد من الباحثين إلى دور التفكير باستخدام الحاسوب في تعليم الرياضيات، (المؤتمر الدولي لتعليم الرياضيات 2000) وجهود منظمة اليونسكو في هذا المجال واضحة ومثالا المؤتمر الدولي لتعليم العلوم والتقنية والرياضيات، المعقود في الهند عام 2001م.

حظي موضوع دمج التفكير باستخدام الحاسوب في التعليم وما زال باهتمام كبير من قبل المعلمين والمسئولين على مختلف المستويات،إذ أكدت العديد من الدراسات أن

التعلم باستخدام التقنيات مفيد للطلبة وأنه يساعدهم على فهم واستيعاب المفاهيم المختلفة بطريقة أفضل. كما أن بعض الدراسات حثت الجامعات والمؤسسات التعليمية على تدريب المعلمين على كيفية استخدام البرامج الحاسوبية المختلفة ذات العلاقة بالتخصص ومن هذه البرامج برنامج الجداول الالكترونية بالنسبة لمعلم الرياضيات. ومن أكثر برامج الجداول الالكترونية استخداما برنامج مايكروسوفت إكسل. يستخدم برنامج مايكروسوفت إكسل لمساعدة المعلم على تنظيم رصد الدرجات وجمعها وحساب الدرجات عن طريق استخدام المعادلات البسيطة بحيث توفر على المعلم الجهد والوقت اللازمين للحسابات اليدوية. (Abramovich et al, 1999:p.390-395)

ومن الاهتمام بالرياضيات ما يقوم به المجلس الوطني لمعلمي الرياضيات في الولايات المتحدة الأمريكية، ومعمل الرياضيات في جامعة هوكيدو للتعليم في اليابان، وكذلك المؤتمر الدولي العاشر لتعليم الرياضيات عام 2004 (التطورات والتوجهات الحديثة في تعليم الرياضيات في المرحلة الثانوية) والمعقود في مدينة كوبنهاجن في الدنمارك (المؤتمر الدولي لتعليم الرياضيات، 2004) ومعظم المؤتمرات تؤكد على دور الطالب الايجابي في تدريس الرياضيات.

ينتقد التربويين المتخصصين في تدريس الرياضيات الدروس التي يكون فيها أن المعلم هو اللاعب الرئيس، أي هو المتحدث الرئيس وأحيانًا الوحيد في الصف، وهذا ما يشار إليه بالتعليم المتمحور حول المدرس. تبين في العديد من الأبحاث ضرورة مساهمة الطلبة في البحث عن المعلومة وفي المناقشة والحوار وألا يتجاوز دور المدرس دور الميسر، وليس مصدرًا لكامل المعلومات، في مثل هذا العمل يصبح الطالب محور العملية التعليمية. لقد ثبت نجاح هذا الأسلوب وخصوصًا باستخدام الوسائل التوضيحية والوسائط المتعددة والحاسب الآلي في التدريس وفي العديد من الأبحاث، بحيث عمدت بعض الدول بطباعة دليل لتدريس الرياضيات مثل دليل الدراسة 2004، الذي يشار فيه إلى مواقع تساعد المدرس عن كيفية توظيف التفكير باستخدام الحاسوب من

خلالها ، وغالبية أدلة دراسة الرياضيات تؤكد أهمية أن يكون لمعلم أو لمعلمي المادة في المدرسة مساهمة ورأي فاعل في ذلك الدراسة، وليس المقصود هنا دليلاً للمقررات أو المؤسسة التعليمية، وإنما توفير مادة مطبوعة أو على موقع المدرسة أو المؤسسة التعليمية تساعد الطلبة على كيفية التعلّم منفردين أو بالتعاون مع زملائهم، كما يتوفر في أدلة الدراسة كيفية تعلّم الرياضيات بشكل عام أو تعلّم أحد تخصصاتها، وتحتوي بعض الأدلة على تمارين إضافية وحلول للتمارين ومساعدات لحل التمارين بأكثر من طريقة وتمزج بين الفن والمعرفة في تدريس الرياضيات (دليل دراسة الرياضيات، 2004)، بحيث ظهر اتجاه ما يسمى الرياضيات المرئية: ويقصد بالرياضيات المرئية تلك الرياضيات التي تعتمد على الشكل والرسم والصورة، ويعد هذا مجالاً يجمع بين الفنانين، في الرسم الفني والهندسي والإخراج، والرياضيين ليجمع بين موهبة الفنان وإبداع الرياضي، للرياضيات المرئية دور في تصميم الأشكال والرسوم أو ما يُشار إليه بالـ (graphics) في أجهزة الحاسب بأنواعها وعلى شاشات التلفزيون، وتستخدم هذه الرسوم لأغراض متعددة لتخفيف من حدة تجريد الرياضيات والشكوى من صعوبتها. (Emmer, ed. ,1993: p.56)

الفصل الثاني

الإطار النظري

أولاً: التعليم الإلكتروني

الأسس والمبادئ النظرية للتعليم الإلكتروني

الثورة الهائلة التي حدثت في تقنيات الاتصالات والمعلومات والتي توجت أخير بشبكة المعلومات الدولية (الانترنت). وقد استثمر التعليم هذا التقدم بطريقة موازية في وسائله، فظهرت الاستفادة من هذه التقنيات داخل غرفة الصف ، ثم تأسيس تعليم متكامل معتمدا على هذه التقنيات وهو ما سمي بالتفكير باستخدام الحاسوب والبعض يطلق عليه (التعليم الافتراضي)، وقد تزايد الاهتمام بهذا النوع من التعليم في السنوات الخمس الأخيرة، إذ نظمت الجمعية الأمريكية لعمداء القبول والتسجيل أول مؤتمر دولي للتعليم الالكتروني في مدينة دنفر بولاية كلورادو الأمريكية في عام 1997م وأتبع بقمة للمسؤولين عن هذا التعليم، ودول أخرى متعددة وكان من أهم توصيات المؤتمر:

1- التفكير باستخدام الحاسوب وجميع وسائله ستكون ضرورية وشائعة لإكساب المتعلمين المهارات اللازمة للمستقبل.

2- التفكير باستخدام الحاسوب فتح آفاقا جديدة للمتعلمين لم تكن متاحة من قبل.

3- يجب تطبيق ما تم التوصل إليه من منافع التفكير باستخدام الحاسوب مع عدم إغفال الواقع التعليمي المعتاد (الموسى، 2002:ص15).

تشير أدبيات الموضوع يمكن أن يكون التفكير باستخدام الحاسوب مر بأربعة مراحل :

- **المرحلة الأولى قبل 1983:** كان التعليم تقليدياً قبل انتشار أجهزة الحاسبات بالرغم من وجودها لدى البعض، وكان الاتصال بين الطالب والمعلم يتم في قاعة الدرس حسب جدول دراسي محدد

- **المرحلة الثانية:** من عام 1984-1993: عصر الوسائط المتعددة وقد تميزت باستخدام أنظمة تشغيل ذو واجهة رسومية والأقراص الممغنطة كأدوات رئيسية لتطوير التعليم .

- **المرحلة الثالثة: من عام 1993-2000:** ظهور الشبكة العالمية للمعلومات (الإنترنت) ثم ظهور البريد الإلكتروني وبرامج إلكترونية لعرض أفلام الفيديو .

- **المرحلة الرابعة:** من عام 2000 وما بعدها: الجيل الثاني للشبكة العالمية للمعلومات حيث أصبح تصميم المواقع على الشبكة أكثر تقدماً وذو خصائص أقوى من ناحية السرعة وكثافة المحتوى. (سالم، 2004: ص231)

ينظر إلى التعلم الإلكتروني كمستحدث تكنولوجي: على أنه طريقة إبداعية لتقديم بيئة تفاعلية متمركزة حول المتعلمين، ومصممة مسبقا بشكل جيد، وميسرة لأي فرد، وفي أي مكان، وزمان، باستعمال خصائص ومصادر الإنترنت والتقنيات الرقمية بالتطابق مع مبادئ التصميم التعليمي المناسبة لبيئة التعلم المفتوحة والمرنة والموزعة.

ربما يميل البعض إلى ربط هذا النوع من التعليم (التعليم الإلكتروني) بالأجهزة التعليمية، والكمبيوتر، وشبكة المعلومات الدولية (الانترنت)، وغيرها من المستحدثات التكنولوجية، وما يرتبط بها من إلكترونيات، وأجهزة، وأدوات، ومواد سمعية بصرية، ووسائط تكنولوجية متعددة، وغيرها، ولكن في واقع الأمر هو ليس كذلك فقط، فالتعليم الإلكتروني، ووفقا لما ورد في التعريف السابق ليس مجرد تعليم يقوم على العرض الإليكتروني للمادة العلمية، بل هو تعليم له أساسه العلمي، وفلسفته النظرية التي يقوم عليها.. وحتى لو تمحور حول طرق العرض الإليكترونية. ففلسفة التعليم الإليكتروني

الخاصة .. تقوم في الأساس .. على مبادئ تكنولوجيا التعليم المتمركزة حول التطبيق العملي للعلوم التربوية أو النظريات التربوية، والتي تنصب على المادة العلمية ومدى توافقها مع خصائص الجمهور المستهدف، ومراعية في ذلك المبادئ التربوية الحديثة مثل التعليم المفتوح، والمرن، والموزع، والمتجسدة في التعلم عن بعد، وغيرها من مبادئ ومستحدثات تكنولوجيا التعليم كما سيتضح لاحقا. وبناء عليه، يبنى التفكير باستخدام الحاسوب على مبادئ تصميم التعليم، وعلى نظريات الاتصال، ومكوناتها، وأسسها وعناصرها الأساسية. كما يقوم التفكير باستخدام الحاسوب على مبادئ كل من تفريد التعليم أو ما يسمى بالتعليم الفردي/ أو المفرّد، والمتعلق بتقديم تعليم يتوافق وخصائص المتعلم (كل متعلم)، والتعليم المبرمج، والذي يعتبر الأساس الطبيعي لما يسمى حاليا في عصرنا هذا بالتعليم والتعلم بمساعدة الحاسوب Computer Assisted Instruction (CAI)، ومبادئ التعلم عن بعد والتعليم المفتوح، وغيرها من مبادئ التعلم من مسافات بعيدة أو ما يسمى بالـ Distance Learning. وتتسم طبيعة التعلم الإلكتروني وفقا لأراء بعض الباحثين بأنها مفتوحة مرنة، وموزعة.

أما فيما يتعلق بالنظريات العلمية فقد أكد المحاضر أن التفكير باستخدام الحاسوبي قوم على نظريات معرفية تتعلق بالتعليم والتعلم، ومستلزماتهما المادية والمعنوية، والتي بدورها تتفاعل مع بعضها البعض تحت ظروف معينة يمكن أن تهيأ بشكل منهجي منظم. ولذا، فتصمم بيئة التفكير باستخدام الحاسوب في ضوء هذه النظريات حيث تزود بالمشوقات والإشارات والتلميحات التي يمكن أن تخدم العملية التعليمية فيما يتعلق بكل ما يسهم في مساعدة المتعلمين في العمل على معالجة المعلومات، وتخزينها، واستدعائها متى ما تطلب الأمر ذلك.

وتأسيسا على ما سبق من نظريات ومبادئ علمية تتعلق بالتعليم والتعلم، وتكنولوجيا التعليم، والمستحدثات التكنولوجية الأخرى المبنية على مبادئ تربوية حديثة تركز على نشاط المتعلم في المقام الأول.. مثل تفر يد التعليم، والتعليم المبرمج، والتعليم

المفتوح، والتعلم المستمر، والتعلم عن بعد، والتعلم مدى الحياة، والتعلم للإتقان، وتعليم المتعلم كيف يتعلم؟ (نشرة تعريفية،2007:ص5).

يقوم التعلم الإلكتروني على مبادئ نظرية برونر للتعلم من حيث:

أ- مراعاة خصائص المتعلمين.

ب- مراعاة توافر قدر كبير من الحرية في مواقف التعلم بإعداد مواقف تعلم متعددة تسمح للمتعلم للاختيار منها وفق قدراته وإمكاناته.

ج- مراعاة الفروق الفردية بين المتعلمين، وذلك بتقديم المعلومات في أشكال متنوعة تناسب قدرات المتعلمين من حيث تقديمها في صورة لفظية مكتوبة أو مسموعة، أو تقديمها في صور ورسوم ثابتة أو متحركة.

د- التمركز حول المتعلم، حيث يتحول نمط التعليم من التمركز حول العلم كمصدر للمعلومة، إلى التمركز حول المتعلم ومهاراته في الحصول على المعلومات، وتنمية المهارات.

هـ- الاعتماد على نشاط التعلم، حيث يساعد على إيجاد بيئة تعليمية تساعد على إقبال المتعلم على التعلم والرغبة فيه، مما يزيد من دافعية للتعلم، والسرعة في تحقيق الأهداف. (عبدالحميد،2007: ص117)

يعد التفكير باستخدام الحاسوب من الاتجاهات الجديدة في منظومة التعليم، وورد بعدة مسميات منها:

- التعلم الالكتروني (E-Learning)هو المصطلح الأكثر استخداما.
- مصطلحات أخرى مثل: (Electronic Education) (Online Learning) (Virtual Learning) (Web Based Education) .

يشير التفكير باستخدام الحاسوب إلى التعلم بواسطة تكنولوجيا الانترنت والحاسوب

حيث ينتشر المحتوى عبر الانترنت، وتسمح هذه الطريقة بخلق روابط Links مع مصادر خارج الحصة الدراسية.

تقدم وتطور التفكير باستخدام الحاسوب بطريقة تدعو لذهول وفق ما يصرف عليه من أموال فبعد أن كان ما مخصص له عام 1995 بضعة ملاين من الدولارات أصبح عام 2000 هذا المبلغ (3.4) مليار دولار، ثم 6.3 مليار دولار في العام 2002 ثم عام 2003 أصبح (11.6) مليار دولار (Driscol,2003:p.5) (Dam,2004:p.4-5).

ثم يستمر بالازدياد ليصل إلى أكثر من 13 مليار دولار في العام 2004 وذلك حسبما أظهرته الدراسات التي قامت بها مجموعة آي دي سي لأبحاث السوق، مستندة بذلك على التطور الكبير في قطاع الأعمال الإلكترونية

وشهد الطلب على التفكير باستخدام الحاسوب زيادة ملحوظة عالميا في السنوات الأخيرة وفقا لشركة انترناشيونال داتا كورب، ويتوقع أن يتضاعف التفكير باستخدام الحاسوب بحلول عام 2008 ليصل إلى(13.5) مليار دولار أمريكي في الولايات المتحدة الأمريكية، وحوالي 21 مليار دولار أمريكي عالميا. وبصورة مماثلة، وفقا لبحث حديث أجرته شركة اديوفينشرز، وهي شركة بحوث سوقية مقرها في مدينة بوسطن، فإن حوالي (2.35) مليون أمريكي يفضلون التعليم الالكتروني. وبحلول عام 2008 يتوقع أن يلتحق واحد من كل عشرة طلاب جامعات في برنامج جامعي الكتروني.

ويعد التفكير باستخدام الحاسوب أسرع قطاع فرعي نمواً ضمن سوق التعليم العالمي البالغ قيمته الإجمالية (2.3) تريليون دولار أمريكي, ويتوقع أن تبلغ قيمة سوق التفكير باستخدام الحاسوب أكثر من 69 مليار دولار بحلول عام 2015. (مجلة التقنية، 2008:ص15)

من هذا يتبين أن العمل مستمر في توظيف هذه التقنية في كل شيء ففي إطار الخطة الإستراتيجية المستقبلية المسماة بالقوات الجوية الأمريكية لعام 2025، قامت مجموعة من

القادة السامين في قوات الجو الأمريكية وعلى رأسهم دكاترة بتقديم دراسة علمية تحت عنوان: (المقاتل اللامع – إدماج تقنية المعلومات في التعليم والتدريب)، علما بأن الدراسة قدمت لقيادة القوات الجوية في سنة 1996، ولتحقيق هذه الأهداف خلص فريق الدراسة إلى أنه على القوات الجوية أن تؤكد على دور التعليم والتدريب في تأهيل المقاتل وتمكينه من أحسن الفرص التدريبية الممكنة والمتاحة وهذا عن طريق إدماج تقنيات المعلومات في عملية التعليم والتدريب (عشيوني،2007:ص125). وللباحث وقفة لتذكير أنفسنا بمدى ما تخطط الأمم المتقدمة ولها نظرات مستقبلية في حساب كل شيء.

التعلم الإلكتروني جانب مهم من جوانب المستحدثات التكنولوجية التعليمية، وقد تعددت نظره الباحثين إليه إلا أننا يمكن بلورة هذه النظرات فيما يلي:

أ‌- النظرة إليه على أنه نمط لتقديم المناهج أو المعلومات.

وهذه النظرة تنظر إلى التعلم الإلكتروني على أنه وسيلة أو نمط لتقديم المناهج الدراسية عبر شبكة المعلومات الدولية، أو أي وسيط إلكتروني آخر، الأقراص المدمجة، أو الأقمار الصناعية، أو غيرها من التقنيات المستحدثة في المجال التعليمي.

ب - النظرة إليه على أنه طريقة للتعلم:

حيث يرى أصحاب هذه النظرة أن التعلم الإلكتروني طريقة للتعليم أو التدريس يستخدم فيه وسائط تكنولوجية متقدمة، كالوسائط المتعددة، والهيبرميديا، والأقمار الصناعية، وشبكة المعلومات الدولية، حيث يتفاعل طرفي العملية التعليمية من خلال هذه الوسائط لتحقيق أهداف تعليمية محددة.

ومما هو جدير بالذكر أن بعض الباحثين يقصر عملية التعلم الإلكتروني على التعلم من خلال شبكة الإنترنت ، سواء كان تعليما مباشرا عن بعد أو في الفصول الدراسية، وفي رأينا أن هذا تضييق لمجال واسع ورحب. (عبدالحميد،2007:ص115-116)

يختلف التفكير باستخدام الحاسوب عن التعليم بالحاسوب، حيث أن التعليم بالحاسوب يقوم على برامج ووسائط يتم التعامل معها بوساطة المستخدم. أما التفكير باستخدام الحاسوب فيستخدم شبكة الانترنت كوسط أساسي في نقل وتبادل المعلومة، وفي ذات الوقت لا يمكن الوصول إليها بدون الحاسوب لذا فإن التفكير باستخدام الحاسوبي شمل التعليم بالحاسوب ، حين انتشرت فكرة التفكير باستخدام الحاسوب ارتبط بفكرة التعليم عن بعد أو ما يسمى Distance Learning ، (Quiz, 2003) وهناك من يرى أن التفكير باستخدام الحاسوب يرتبط بالتعليم الافتراضي Virtual Learning حيث تتم العملية التعليمية في صفوف أو بيئات افتراضية تختلف عن الصفوف التقليدية المعتادة، وذلك عن طريق استخدام التقنيات الإلكترونية الحديثة للواقع الافتراضي ولم، يجد الباحث اتفاق تام إلى تحديد هوية التفكير باستخدام الحاسوبي تفق عليه المتخصصون في المجال (Hum. 2001)، (Kurse, 2003) (Moneta,& Moneta, 2002: p.432) .

نجد الكثير من الأدبيات تتفق من عدم وضوح تحديد دقيق للتعليم الإلكتروني لأنها متداخلة ومشوشة ومتباينة،ومجمل القول أن التفكير باستخدام الحاسوب أكثر شمولية حيث لخَّص (زيتون 2005) وجهات النظر المختلفة نحو التفكير باستخدام الحاسوب في المخطط (1)، حيث رأى أن التفكير باستخدام الحاسوبي شمل أنماط متنوعة. (زيتون، 2005:ص 20)

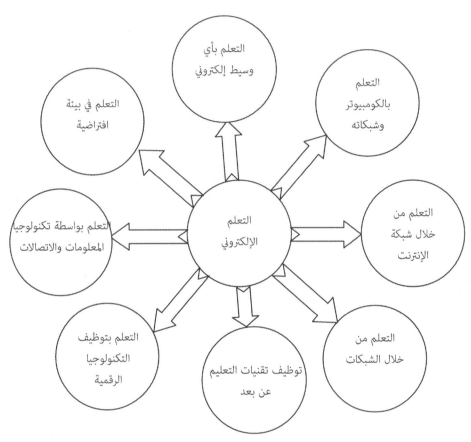

مخطط (1): مفاهيم التعلُّم الإلكتروني

يقدم التفكير باستخدام الحاسوب نوعين أو نمطين من التعليم:

أولاً: التعليم التزامني Synchronous E-Learning: وهو التعليم على الهواء الذي يحتاج إلى وجود المتعلمين في نفس الوقت أمام أجهزة الكمبيوتر لإجراء المناقشة والمحادثة بين الطلاب أنفسهم وبينهم وبين المعلم عبر غرف المحادثة (Chatting) أو تلقي الدروس من خلال الفصول الافتراضية Virtual classroom.

ثانياً: التعليم غير التزامني Asynchronous E-Learning: وهو التعليم غير المباشر الذي لا يحتاج إلى وجود المتعلمين في نفس الوقت أو في نفس المكان، ويتم من خلال بعض تقنيات التفكير باستخدام الحاسوب مثل البريد الالكتروني حيث يتم تبادل المعلومات بين الطلاب أنفسهم وبينهم وبين المعلم في أوقات متتالية، وينتقي فيه المتعلم الأوقات والأماكن التي تناسبه، ولقد جمعت الشبكة العنكبوتية العالمية World Wide Web (WWW) بين التعليم التزامني والتعليم غير التزامني، فالتعليم يتم في كل وقت، ويمكن تخزينه للرجوع إليه في أي وقت، وقد أدى تطور الشبكة العنكبوتية (الانترنيت) وتطبيقاتها إلى شيوع العديد من التطبيقات التربوية لعل من أبرزها التفكير باستخدام الحاسوب والتعليم عن بعد وظهور العديد من المدارس ومدرسة بلا مدرس والكليات وبما يسمى الجامعات الافتراضية ، إذ بلغ عام 2002 الجامعات الافتراضية على سبيل المثال (15) جامعة وفي الصين (47) جامعة وقدمت شركات في أكثر من (130) دولة ما يقارب (50) ألف مقرر للتعليم عن بعد، في حين وجود (200) ألف مقرر تعليم الالكتروني في أمريكيا (.Dumort, 2002: p.29, (290-293 (Jung, 2002: p.12) (Zhiting et al.2002: p.23).

والمخطط (2) يبين مكونات منظومة التعليم الالكتروني:

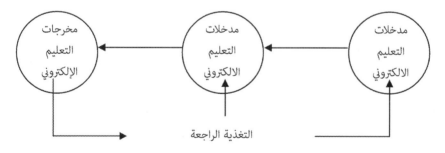

المخطط (2): يبين مكونات منظومة التعليم الالكتروني

صيغ توظيف التعلم الإلكتروني في عمليتي التعليم والتعلم:

تشير الدراسات إلى أهمية توظيف التفكير باستخدام الحاسوب في التدريس فقد أسفرت نتائج استبانه دراسة عن فاعلية التقنيات الحديثة في العملية التعليمية في رفع مستوى التحصيل العلمي لدى الطلبة، والارتقاء بمستوى التعليم، واتفقت أراء المشاركين في الاستبانة على دور تلك التقنيات في استقطاب مشاركة الطلبة، وتقديم المعلومة بطريقة جذابة ومشوقة، وتجديد أساليب العرض وزيادة متعة الطالب في التعلم. وركزت نتائج البحث على اثر استخدام التقنيات العلمية الحديثة في زيادة مستوى التحصيل العلمي لدى الطلبة ، ودعت المشاركين في الاستبانة إلى ضرورة تدريب المعلمين على التعاطي مع تلك التقنيات الحديثة مركزين على أهمية تلك الخطوة في زيادة سرعة تحصيل الطلاب، والإسهام في تدريب الطلاب على التعليم المستمر والذاتي.

وحول ابرز العوامل التي تتسم بها التقنيات الحديثة التعليمية والتي تجعل من استخدامها أمرا محفزا لتسريع العملية التعليمية أسفرت نتائج الاستبانة الميدانية التي شارك فيها تربويين ومشرفين في وزارة التربية والتعليم عن ضرورة مواكبة ما يستجد على المستوى الإقليمي والعالمي، والتماشي مع التقنيات الحديثة ومتطلبات عصر العولمة الحديثة.

وحول ابرز الصعوبات المتزامنة مع استخدام تلك التقنيات ذكرت عدد من المشاركين أن صعوبة استخدام تلك التقنيات تكمن في وجودها في الفصول كبيرة العدد ، الأمر الذي يقتضي المتابعة والتدريب والقناعة التامة بأهميتها من قبل العاملين بها أو مستخدميها فضلا عن ضرورة توفير التدريب المقنن عالي الجودة لفئة المعلمين لمعرفة كيفية الاستفادة منها بشكل صحيح،وأضاف البعض بأن استخدام التقنيات الحديثة (يجعل التعليم متعة وإثارة بالنسبة للطالب) مع بقاء اثر التعلم كنتيجة لاستخدام تلك التقنيات وأن التقنية أصبحت جزءا لا ينفصل عن العملية التعليمية.

وأظهرت نتائج الاستبانة الميدانية أهمية كسر حدة الجمود في العملية التعليمية

وبعث روح التجديد في أساليب العرض، وإثارة روح التشويق والإبداع والابتكار، والدقة في التقييم والموضوعية.

واقترح بعض المشاركين في الاستبانة الاستفادة من هذه التقنيات الحديثة في تقديم المقرر كبرامج إثرائية وبرامج علاجية مساندة.

وايد الكثير من المشاركين في الاستبانه ما يسمى بـ (السبورة الذكية) في مجال شرح الدروس بطريقة عصرية وتفاعل الطلاب معها بدون ملل أو طرق تقليدية (باوزير، 2007:ص23).

وتهتم بعض الدول العربية بفكرة توظيف التفكير باستخدام الحاسوب وتعقد الكثير من الندوات والمؤتمرات لذلك وكان أخرها الملتقى الأول للتعليم الإلكتروني في التعليم العام للعام (2008) في المملكة العربية السعودية ،إذ أكد المؤتمر: أن مفهوم أن التفكير باستخدام الحاسوب أصبح خيارنا الاستراتيجي الذي لابد من تطبيقه بأقصى سرعة ممكنة وفق آلية مناسبة يُتبع فيها المنهجية العلمية في التطبيق بدءاً بالتخطيط وانتهاء بالتقييم والمراجعة.

ومن ضمن توصيات المؤتمر:العمل على أنشاء مركز للتعليم الإلكتروني تتوحد فيه جهود الوزارة فيما يتعلق بمشاريع وبرامج وتطبيقات التفكير باستخدام الحاسوب في الميدان وتفعيل دور مراكز مصادر التعلم فيما يخدم تطبيق التفكير باستخدام الحاسوب ووضع جوائز وطنية وزارية للأعمال المميزة في مجال التفكير باستخدام الحاسوب على مستوى المدارس وإدارات التعليم ودمج التفكير باستخدام الحاسوب في العمل المدرسي كجزء من مشروع الإصلاح التربوي الشامل، وتشجيع استخدام نظم إدارة التعليم ذات المصادر المفتوحة وذلك لإمكانية تطويرها بما يتناسب مع الاحتياجات الفعلية للتعلم الإلكتروني وتعميم استخدام مقررات الحاسب الآلي في جميع المراحل التعليمية، والتركيز على تدريب القيادات التربوية في مجالات الحاسب الآلي والانترنت وتطبيقاتها في مجال العمل والإدارة والتعليم للمساهمة في دعم تطبيقات التعليم الإلكتروني. (جريدة الرياض، 2008:ص7)

وعلى سبيل المثال للحصر ، طور في الأردن محتوى منهج الرياضيات بالتعاون بين شركات عالمية مع ووزارة التربية والتعليم الأردنية، وشركة روبيكون الأردنية (Rubicon) لوضع منهج رياضيات إلكتروني تفاعلي باللغة العربية على الإنترنت، وغني بوسائل الإيضاح السمعية والبصرية. وقد تم تسليمه إلكترونياً لاستخدامه عن طريق شبكة الإنترنت كمادة تعليمية إلكترونية مختلطة Blended (أي أن يستخدم المعلم تكنولوجيا التعليم الحديثة لمساعدته في شرح الدرس في الصف) في حوالي مائة مدرسة ضمن مشروع المدارس الاستكشافية (Discovery Schools) في عمان. لقد تم وضع منهج الرياضيات للمدارس على أساس أفضل المعايير لمناهج الرياضيات في العالم. ويوظف التصميم الجديد للمناهج النظريات التعليمية الحديثة كالتعليم الاستدلالي والتعليم التشاركي بهدف تحقيق مستويات عالية من المعرفة والمهارة في الرياضيات والإقبال على التعلم. وسعى المنهج الجديد بشكل خاص لتقوية مهارات الطلاب في تطبيق الرياضيات على نطاق واسع في الحالات العملية في المواضيع الأخرى والأوضاع المختلفة، انطلاقاً من إدراك أهمية هذه المهارات لمستقبل الأردن كاقتصاد معرفي.

وضع أكثر من ألفي خطة درس للرياضيات من مستوى رياض الأطفال وحتى الصف الثاني عشر. وتبدأ عملية التطوير بتكليف خبير في الموضوع بأحد الواجبات على أساس مصفوفة المناهج. ويحتوي كل موضوع على عدد من الأهداف والغايات التي يجب إظهارها في خطة الدرس. وبعد سلسلة من إجراءات ضمان الجودة، يقوم المصمم التعليمي بتطوير اللوحات الإيضاحية لأغراض التطوير الإعلامي، ومن ثم يقوم المصمم الفني والمبرمج بتطوير العناصر الإعلامية التي تمر عبر سلسلة من عمليات ضمان الجودة للتأكد من ملاءمتها للعمر والثقافة والموضوع بالإضافة إلى اتساقها مع أهداف مصفوفة المناهج. وتشتمل خطة الدرس في شكلها النهائي على مصادر إلكترونية، وامتدادات وتقييمات وأسئلة إرشادية وواجبات منزلية، ووسائل إعلام تفاعلية يتم استخدامها أثناء التدريس لتزويد المعلم بمصادر مرئية للمواضيع المجردة

والصعبة ، فضلا عن تدريب مدرسي الرياضيات للصفوف من الأول وحتى الثاني عشر، كجزء من المشروع المتكامل، على استعمال التكنولوجيا، وطرائق التدريس الجديدة في الرياضيات، وتوصيل المواد التعليمية الإلكترونية بصيغة مختلطة، وكذلك إدارة الصف للتطبيق في المدارس. (مهنا، 2007: ص16-17)

توجد صيغ أو نماذج لتوظيف التعلم الإلكتروني في عمليتي التعليم والتعلم في مدرسة ما، وقد توظف المدرسة أحد هذه النماذج وقد توظفها مجتمعه منها: (سالم، 2006:ص 289)

الشكل الأول: النموذج الجزئي أو المساعد:

ويتم استخدام بعض أدوات التعلم الإلكتروني في دعم التعليم الصفي (التقليدي) وقد يتم أثناء اليوم الدراسي في الصف أو خارج ساعات اليوم الدراسي ومن أمثلة هذا النموذج:

● توجيه الطلاب إلى تحضير الدرس القادم من خلال الإطلاع على بعض المواقع بالإنترنت.

● قيام إدارة المدرسة بوضع الجداول المدرسية، وأسماء الطلاب على أحد مواقع الإنترنت.

● توجيه الطلاب إلى إجراء بحث بالرجوع إلى الإنترنت.

● توجيه الطلاب إلى القيام ببعض الأنشطة الإثرائية باستخدام برمجية حاسوبية، أو الشبكة العالمية للمعلومات.

● استفادة المعلم من الإنترنت في تحضير درسه وفى تعزيز المواقف التدريسية التي سيقدمها في الفصل التقليدي.

الشكل الثاني: النموذج المختلط أو المخلوط:

ويتضمن هذا النموذج الجمع بين التعليم الصفي والتعلم الإلكتروني داخل غرفة الصف، أو في معمل الحاسوب أو في مركز مصادر التعلم، أي الأماكن المجهزة في المدرسة بأدوات التعلم الإلكتروني القائمة على الحاسوب أو على الشبكات.

ويمتاز هذا النموذج بالجمع بين مزايا التعليم الصفي والتعلم الإلكتروني مع التأكيد على أن دور المعلم ليس الملقن بل الموجه والمدير للموقف التعليمي، ودور المتعلم هو الأساس فهو يلعب دورا إيجابيا في عملية تعلمه.

وتأخذ عملية الجمع بين التعلم الإلكتروني والتعليم الصفي أشكال عديدة منها أن يبدأ المعلم بالتمهيد للدرس ثم يوجه طلابه إلى تعلم الدرس بمساعدة برمجية تعليمية ثم التقويم الذاتي النهائي باستخدام اختبار بالبرمجية (تقويم إلكتروني) أو اختبار ورقي (تقويم تقليدي)، وقد تبدأ عملية التعلم بالتعلم الإلكتروني ثم التعليم الصفي، وقد يتم التعليم الصفي لبعض الدروس التي تتناسب معه والتعلم الإلكتروني لدروس أخرى تتوفر له أدوات التعلم الإلكتروني ثم يتم التقويم بأحد الشكلين (التقليدي أو الإلكتروني).

الشكل الثالث: النموذج الكامل للتعلم الإلكتروني:

في هذا النموذج يعتبر التعلم الإلكتروني بديلا للتعليم الصفي ويخرج هذا النموذج خارج حدود الصف الدراسي، فهو لا يحتاج إلى صف بحدود أربعة أو مدرسة ذات أسوار، بل يتم التعلم من أي مكان وفي أي وقت خلال 24 ساعة من قبل المتعلم حيث تتحول الفصول إلى فصول افتراضية، وهذا ما يطلق عليه التعلم الافتراضي Virtual Learning ويتم في مدارس أو جامعات افتراضية، وهو إحدى صيغ التعلم عن بعد: التعلم الإلكتروني عن بعد، ويكون دور المتعلم هنا هو الدور الأساسي حيث يتعلم ذاتيا بطريقة فردية على حدة أو بطريقة تعاونية مع مجموعة صغيرة من زملائه الذي يتوافق معهم ويتبادل معهم الخبرات بطريقة تزامنية أو غير تزامنية عن طريق غرف

المحادثة، مؤتمرات الفيديو، السبورة البيضاء، مؤتمرات التليفون، البريد الإلكتروني، مجموعات المناقشة، لوحة الإعلانات Bullet Board باستخدام أدوات التعلم الإلكتروني المختلفة سواء القائمة على الحاسب أو على الشبكات.

ويميل الباحث على النموذج الأول كونه يتناسب ووضعية التعليم لدينا.

فوائد التفكير باستخدام الحاسوب:

للتعليم الالكتروني فوائد عديدة لا يمكن حصرها , وهناك أيضا عوامل أدت إلي ظهور هذا النوع من التعليم ونتكلم فيما يلي باختصار :

1- زيادة إمكانية الاتصال بين الطلبة فيما بينهم ، وبين الطلبة والمدرسة ، وذلك من خلال سهولة الاتصال ما بين هذه الأطراف في عدة اتجاهات مثل مجالس النقاش، البريد الإلكتروني، غرف الحوار , وهذا يعد حافزا للطلاب علي المشاركة والتفاعل مع المواضيع المطروحة .

2- المساهمة في وجهات النظر المختلفة للطلاب .

3- سهولة الوصول إلى المعلم : فأتاح التفكير باستخدام الحاسوب سهولة كبيرة في الحصول علي المعلم والوصول إليه في أسر ع وقت .

4- الإحساس بالمساواة : هذا النوع من التعليم يكون له فائدة كبيرة بالنسبة للطلاب الذين يشعرون بالخوف والقلق أو الخجل عند المناقشة , فهذا الأسلوب في التعليم يجعل الطلاب يتمتعون بجرأة اكبر في التعبير عن أفكارهم والبحث عن الحقائق.

5- القدرة علي تلبية الاحتياجات الاجتماعية ,والوظيفية , والمهنية للملتحقين بالتفكير باستخدام الحاسوب لما يتمتع به من مرونة وحداثة .

6- ارتباط التفكير باستخدام الحاسوب بحاجات الأفراد التطبيقية , والمهنية , والشخصية , والاجتماعية

7- ملائمة مختلف أساليب التعليم .

8- إمكانية تحوير طريقة التدريس فمن الممكن تلقي المادة العلمية بالطريقة التي تناسب الطالب سوء كانت مرئية أو مسموعة أو مقروءة .

9- توفير المناهج طوال اليوم وفي كل أيام الأسبوع .

10- يعد التفكير باستخدام الحاسوب مظهر من مظاهر التقدم التكنولوجي ففي عصر الثورة الصناعية كان علينا أن نذهب إلي المدرسة , أما في عصر الثورة المعرفية فإن المدرسة سوف تأتي إلينا في بيوتنا .

11- عدم الاعتماد علي الحضور الفعلي .

12- سهولة وتعدد طرق تقييم الطالب.

(المحسين، 2002:ص31) (الموسى، 2002: ص14).

معوقات التعليم الالكتروني:

على الرغم من حماس المربين للتعليم الالكتروني، فإن هذا النوع من التعليم لا ينفك من بعض المعوقات، ومنها:

1- المعوقات المادية: مثل عدم انتشار أجهزة الحاسب الآلي ومحدودية تغطية الانترنت وبطئها النسبي، وارتفاع سعرها (وإن كان بدأ ينخفض ولكنه لازال مرتفعا نسبيا).

2- المعوقات البشرية: إذ أن هناك شحاً كبيرا بالمعلم الذي يجيد "فن التعليم الالكتروني"، وإنه من الخطأ التفكير بأن جميع المعلمين في المدارس يستطيعون أن يساهموا في هذا النوع من التعليم.

3- المعوقات النظامية: وذلك لعدم قناعة الكثير من متخذي القرار بهذا النوع من التعليم.

فضلا عن وجود عقبات أخرى تتمثل:

1- وهو تحديد التوقيت المناسب لإدخال التفكير باستخدام الحاسوب في المدارس مع تبني الحلول المتكاملة (وليس فقط الأجهزة والشبكات).

2- إعداد الكوادر لمواكبة هذا التحول الجذري للتعليم، وأن الذي لا يتقدم يتقادم. وعقبات تطبيقية يكون المعلم هو المسؤول عنها في عدم مواكبة التقنيات الحديثة والاستفادة منها وتسخيرها لمساعدته في تسهيل العملية التعليمية وزرع المفاهيم على الوجه الصحيح.

3- مدى القدرة على إنتاج محتوى إلكتروني تفاعلي مصمم تصميماً تعليمياً محترفاً تراعى فيه النواحي التربوية والتعليمية والنفسية والمعايير العالمية وأدوات القياس المناسبة والتغذية الراجعة. (الحضان، وآخرون، 2008: ص15).

ثانيا: الحاسوب

يعد الحاسوب من ابرز المستجدات التي أنتجتها التقنية الحديثة في القرن العشرين، ويعد من المخترعات الالكترونية التي نقلت البشرية إلى مجالات واسعة متنوعة، حيث تأثرت به مجالات الحياة تأثراً بالغاً كنتيجة للنقلات النوعية التي طرأت عليه، بحيث أصبح جهازاً لا يمكن الاستغناء عنه (Ghandour1990 : P.25).

فظهور الحاسوب فرض كثيراً من المتغيرات في جميع النواحي المعرفية والعملية، حتى أصبحت بصمة الحاسوب واضحة المعالم في جميع الميادين ، لتشكل أداة قوية لحفظ المعلومات ومعالجتها ونقلها . (الشرهان ، 2002 :71)

الحاسوب عبارة عن جهاز اخترعه الإنسان مثل اختراعات الأخرى، ليساعد في أداء الكثير من الأعمال بغرض الاستفادة من الجهد والوقت المهدور في الأعمال التقليدية السابقة التي تحتاج إلى جهد ووقت في الإعداد والمراجعة والمعالجة والتخزين، وقد شاع استخدامه في الآونة الأخيرة في مختلف ميادين الحياة وأثبت كفاءة عالية وفرت الجهد والوقت والتكاليف مما ساعد على التفكير في الاستفادة بإمكانياته في الميادين التربوية

وقد أطلقت على الحاسوب عدة مسميات بالعربية منها (الحاسب الآلي، والحاسوب الإلكتروني، والحاسوب) واسمه مشتقاً من الفعل باللغة الإنكليزية (TO COMPUTE) بمعنى يحسب ، كما أطلق عليه أيضا العقل الإلكتروني والحقيقة إن الحاسوب رغم أنه مبنى أساساً على منطق رياضي إلا إنه أصبح يؤدي معالجات رياضية وغير رياضية، ومن هنا فهو ليس حاسباً فقط ويعتبر هذا الجهاز من أهم سمات العصر الحديث فكل شيء حولنا يمكن أن يدار من خلاله وأهم ما يميز جهاز الحاسوب: الدقة العالية في أداء العمل، والسرعة في إنجازه، والمرونة، وتخزين كميات هائلة من البيانات، وسرعة معالجة البيانات, واسترجاع المعلومات، إلا إنه لا يستطيع أداء أية عملية إلا بتوجيه من الإنسان، لذا لا يعد الحاسوب عقلاً كما درجت بعض أجهزة الإعلام على تسميته. (ابو عطايا، 2005: ص3)

نشأة الحاسوب ومراحل تطوره

يعد أول تقديم للحاسوب في عام 1946 حيث كان يتكون من أكثر من 18000 صمام الكتروني، وهذه الصمامات هي نوع معقد بعض الشيء من الأدوات الإلكترونية التي لها شكل مصباح الإضاءة الكهربي المعروف وذو الحجم المتوسط. وهي مماثلة للصمامات التي كانت تستعمل لتشغيل الراديو لمدة طويلة من الزمن وحتى اختراع الترانزيستور، وكذلك لتشغيل التلفزيون في بداية عهده .

كان الحاسوب في حينها يحتل بناية كاملة، ويزيد وزنه عن ثلاثين طنا، وكانت تلك البناية في حاجة لأجهزة تبريد عملاقة لإزالة الحرارة الناجمة عن تلك الصمامات الإلكترونية ومع ذلك فإن فعاليته لم تكن أكثر من فعالية آله حاسبة جيب صغيرة مما يستعملها تلاميذ المدارس، ويعد التعلم بمساعدة الحاسوب ظهر على يد كل من (أتكسون، وويلسون ، وسوبس)، وهو عبارة عن برامج في مجالات التعلم كافة، يمكن من خلالها تقديم المعلومات، وتخزينها، مما يتيح الفرص أمام المتعلم لأن يكتشف بنفسه حلول مسألة من المسائل، أو التوصل إلى نتيجة من النتائج (مرعي والحيلة، 1998).

ومن الممكن أن نقسم مراحل تطور الحاسوب على النحو الآتي:

1- **الحقبة الأولى:** قبل سنة 1957 : اخترع أول حاسوب سنة (ENIAC) 1946 وموصفاته: الوزن:27 طن،المساحة: 80 م2 (على هيئة غرفة) الشاشة: عل شكل أنابيب مفرغة الذاكرة : على شكل طبل مغناطيسي.

2- **الحقبة الثانية:** من 1957 إلى 1963: تم تعويض الأنابيب بمركبات إلكترونية سميت الترانزستورات. أما الذاكرة فكانت تصنع من مادة لفريت على شكل خرصات لخزن معلومة (0 أو 1).

3- **الحقبة الثالثة:** من 1963 إلى 1970:وهي حقبة تم فيها تصغير أبعاد المركبات الإلكترونية والوحدة المركزية بوجود أول دارة مجمعة (Circuit intégré) هذه الأخيرة مكونة من مادة السيلسيوم (Si) نُحتت بها مركبات كهروبية (مثل الترانزستور) بطريقة مخبرية متطورة.

4- **الحقبة الرابعة:** من بداية 1970: في هذا العهد ظهرت ما يسمى بالمعلوميات المجهرية (-Micro informatique). وانتشرت المعلوميات في عدة قطاعات نشيطة كالأبناك، البحث العلمي... إلخ. وأصبحت الأجهزة الحالية تمتاز بقدرة عالية تصل إلى 32 بث (bit)، وذلك باختراع المعالج Microprocesseurمن نوع 80486، وتصل قدرة الخزن في ذاكرته الحية إلى: 640 كلوأوكتي.

5- **الحقبة الخامسة ما بعد الثمانينات:** حقبة حديثة تمت فيها تحسينات جد متطورة على الحاسوب كي يُصبح آلة متعددة المهام في وقت واحد وفي وقت قصير، حيث ظهر اول حاسوب شخصي عام 1981 ومنذ ذلك التاريخ والتربويون يبحثون استخدام الحاسوب في التدريس، ويعد برنامج (Plato) أول برنامج تربوي يستخدم فيه الحاسوب كمساعد في التدريس ومع دخول 1984 تم إدخال الفارة (Mouse) كمساعد للمستخدمين. (سلامة، 2005: 211-213)

يعتمد الحاسوب على أنظمة تشغيل منها: النظام UNIX - النظام MS-DOS - النظام PC-DOS - النظام WINDOWS.

يستوعب الحاسوب الحديث أنواع متعددة من لغات البرمجة نذكر بعضها: اللغة BASIC، اللغةPASCAL ، اللغةJAVA ، واللغة HTML.

المكونات الرئيسة لنظام الحاسوب:

يتكون الحاسوب يتكون من جزأين رئيسيين هما:

المعدات (Hardware)، البرمجيات (Software)، أما المستخدم (User) جزء من أجزاء نظام الحاسوب الرئيسية.

1-   المعدات (Hardware): هي الأجزاء الإلكترونية والميكانيكية أو المكونات المادية التي من خلالها يقوم الحاسوب بعمله.

2-   البرمجيات (Software): هي مجموعة من التعليمات المتسلسلة التي تخبر الجهاز كيف ينفذ مهمة.

3-   المستخدم (User): الشخص الذي ينفذ البرمجيات على الجهاز لإنجاز مهمة ما.   (الزعبي وآخرون، 2004:ص5)

و المخطط(3) يوضح المكونات الرئيسية لنظام الحاسوب.

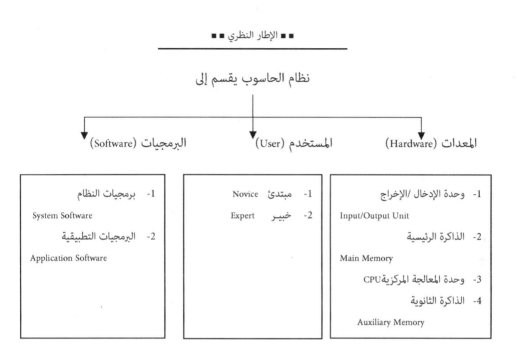

نظام الحاسوب يقسم إلى

المعدات (Hardware)	المستخدم (User)	البرمجيات (Software)
1- وحدة الإدخال /الإخراج Input/Output Unit 2- الذاكرة الرئيسية Main Memory 3- وحدة المعالجة المركزيةCPU 4- الذاكرة الثانوية Auxiliary Memory	1- مبتدئ Novice 2- خبير Expert	1- برمجيات النظام System Software 2- البرمجيات التطبيقية Application Software

المخطط (3): المكونات الرئيسية لنظام الحاسوب

(عبدالعزيز، وعبد اللـه 2000: ص27-28)

الحاسوب وتعلم الرياضيات :

كان التمرين في الرياضيات سابقاً يتطلب من الطالب إثبات قدرته على حل المسائل التي تتضمن الكثير من العمليات الطويلة والمعقدة ، وكان تقييم الطالب يتم على أساس استطاعته التوصل إلى النتائج الصحيحة على هيئة أرقام وأرقام ، أما ماذا وراء هذه الأرقام فلم يكن من أهداف تدريس الرياضيات، ولذلك كانت حصص ودروس الرياضيات كثيراً ما تبدو جافة ومملة بالنسبة لبعض الطلاب، أما الآن فقد خطت الرياضيات خطوات نحو التطور، وذلك بفضل ما يوفره الحاسوب من إمكانات في مجال الرياضيات، ولم يعد التوصل إلى نتائج الرياضيات مشكلة ، فالحاسوب يقدم النتائج في غضون ثوان (المانعي، 1995:ص454-457).

يمكن توظيف الحاسوب في تدريس الرياضيات بكل يسر فعلى سبيل المثال يمكن

أن يستعين المعلم لتوضيح للتلميذ مفهوم عملية الضرب ، وأن يوجه الطلبة للممارسة أو تقويم
عملية اكتسابهم للمفاهيم الرياضية هذا النوع من التعليم كما توضع الصور الآتية:

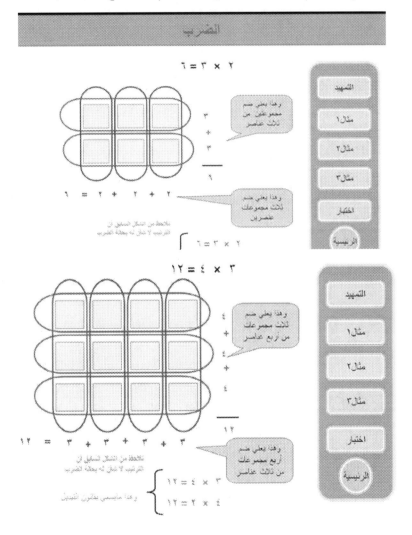

(اختبار – تقويم – تمارين)

س١ : أوجد حاصل ضرب ما يلي :

تأكد من الأجابة	١٢	= ٤×٣
تأكد من الأجابة	١٥	= ٥×٣
تأكد من الأجابة		= ٦×٣

ناتج ضرب ٥×٧= ٣٥

| مسح | تأكد من الأجابة | سؤال جديد |

| الإجابات الخاطئة | الإجابات الصحيحة | عدد الأسئلة |
| ٢ | ٣ | ٤ |

61

مجالات استخدام الحاسوب

هناك مجموعة من المجالات المتنوعة التي يمكن أن يستخدم فيها الحاسوب في التعليم تتوزع إلى مجالين هما:

المجال الأول: قطاع التعليم والتعلم:

القطاع الذي تنحصر فيه استخدامات الحاسوب في عملية التعليم والتعلم سواء كان الحاسوب عوناً للمعلم أو عوضاً عنه، إذ يواجه المعلم كثافة عالية داخل حجرة الدراسة مع كم هائل من المواد التعليمية ووقت قصير هو زمن الحصة الدراسية، ومع كل هذا أصبح المعلم غير قادر على تنويع أساليب التعليم، ويقتصر دوره على إيصال المعلومة إلى الطلاب من الكتب المدرسية، والطالب بدوره يستقبل المعلومة من المعلم، ثم يسترجعها وقت أداء الامتحانات سعياً منه للحصول على درجة عالية.

وبظهور الحاسوب في البيئة المدرسية اختلفت الاستفادة منه باختلاف ثقافة المعلمين للحاسوب، حيث إن هنالك معلمين وصلوا إلى الإتقان وهو المعرفة الكافية للتعامل مع الحاسوب في خدمة العملية التعليمة ومنهم أضعف من ذلك. فمثلا يستطيع المعلم المتدرب على الحاسوب إعداد بعض المواد التعليمية التي يمكن تدريسها بواسطة الحاسوب، أي يكون الحاسوب وسيلة تعليمية.

1- كمادة دراسية : وفيها يصبح هو المحور الرئيسي للدراسة وتشمل دراسته الوعي بالحاسوب ومحو الأمية الحاسوب، وذلك عن طريق دراسة استخداماته المتعددة ومعالجة البيانات وتطبيقاته المختلفة وبرمجته ونظام تشغيله، وفيه يكون فيه الحاسوب هدفاً تعليمياً في حد ذاته ويدخل في هذا المجال تقديم الحاسوب طريق مادة علمية تقدم في إحدى الصور التالية:

● مقررات لمحو أمية الحاسوب أو الوعي فيه.

● مقررات لإعداد المتخصصين في علم الحاسوب. (الفار، 1995: ص13)

2- كوسيلة تعليمية: يُعد الحاسوب وسيلة متطورة لنقل وتوزيع العديد من المواد الدراسية لما له من خصائص تجعل منه أداة تعليمية فريدة وذات فاعلية، إذ يوفر خاصية التفاعل الإيجابي بين المستخدم والحاسوب، كما يوفر العناية الفردية، كما يعد وسيلة حفز هائلة ويعمل على تنمية العديد من الاتجاهات المرغوبة .

3- كأداة لحل المشكلات: ذلك أن استخدام الحاسوب لحل مشكلة تتضمن بعض المتغيرات يسمح بتحويل مركز الاهتمام من آليات الحل إلى العلاقات التي تدور حولها الدراسة، كما يُعَد تعليم برمجة الحاسوب أسلوباً هاماً يتيح للطلاب فرصة تنمية مهارة حل المشكلات، هنالك نوعان من برامج حل المشكلات:

• **الأول يتعلق بما يكتبه المتعلم نفسه:** إذ يقوم المتعلم بتحديد المشكلة ثم يكتب برنامجاً لحل هذه المشكلة من الحاسوب الذي يقوم بإجراء العمليات لإيجاد الحل الصحيح.

• **الثاني جاهز يساعد المتعلم على حل المشكلات:** إذ يقوم الحاسوب بعمليات مختلفة تكون وظيفة المتعلم فيها معالجة واحدة أو أكثر من التغيرات.

4- كأداة لتقديم المواد الدراسية: يُعَد الحاسوب أداة فعالة بين يدي المعلم، إذ يستطيع أن يستثمره في تقديم المواد الدراسية التي قد تستعصي على الفهم والإدراك بدون الحاسوب وإمكاناته، فيستطيع المدرس مثلاً أن يعرض تحركات حساب مساحة شبه منحرف بالقص والصق وتحويله إلى أشكال أخرى مكافئة مثل المستطيل أو مثلث فضلا عن يستغل إمكانات التلوين والرسم وتخزين البيانات واسترجاعها في توضيح العديد من المفاهيم الصعبة .

5- كمرشد ومدرب: يتميز الحاسوب بقدرة كبيرة في مجال التعليم والتدريب على المهارات الأساسية، حيث يقدم ما تتطلبه المهارات من فرص التكرار والتدريب بداية من مرحلة تقديم المفهوم المحدد الذي تقوم عليه المهارة الأساسية إلى مرحلة تقييم أداء المتعلم وإرشاده (الكبيسي،2008: ص355).

6- إدارة التعليم: يستطيع المعلم أن يستخدم التعليم المدار بالحاسوب (computer managed Instruction (CMI) لإدارة العملية التعليمية، عن طريقة بعض البرمجيات الخاصة التي يتم إعدادها لهذا الغرض. حيث تقوم هذه البرمجيات بمساعدة المعلم والإدارة المدرسية في إدارة العملية التعليمية. ومن الواضح أن القرار التعليمي الجيد يعتمد على معلومات دقيقة عن مدى تطور أداء الطالب . وتطبيقات إدارة العملية التعليمية بالحاسوب تستخدم لجمع البيانات وحفظها وتعديلها واسترجاعها ومن ثم تقديم التقارير حول المعلومات المتوفرة ويمكن أن تكون هذه التطبيقات بسيطة كإعداد دفتر للعلامات، أو تكون أكثر تقدما للتشخيص وتقديم العلاج وذلك حسب احتياجات الطلبة. (الفار، 2004: ص67-68)

المجال الثاني:قطاع الإدارة المدرسية

يعد استخدام الحاسوب في الإدارة المدرسية من أول التطبيقات التي بدأت منذ أن دخل الحاسوب إلى البيئة المدرسية فقد ساعد الإدارة المدرسية على تغيير الثقافة الورقية في العمل إلى ثقافة إلكترونية يستخدم فيها الحاسوب لإنجاز الأعمال الإدارية بالمدرسة، ومن أهم البرامج التي طبقتها وزارة التربية والتعليم بسلطنة عمان برامج الإدارة المدرسية، حيث أنة يوفر مجموعة من التسهيلات التي قد تساعد الإدارة المدرسية، عمل قواعد بيانات لأعضاء هيئة التدريس، والطلاب، والعاملين بالمدرسة، وأولياء أمور الطلاب بأخذ بياناتهم، وتنظيم السجلات، وعمل جداول المدرسة، وتوزيع الطلاب على الفصول، وإنتاج المطبوعات التعليمية والإرشادية وغيرها من خدمات، وهناك تطبيقات عدة للحاسوب في الإدارة المدرسية منها:

1- نظام سجل الطلاب: هذه الخدمة تمكن من إنشاء ملف خاص لكل طالب في الحاسوب يتضمن أهم البيانات اللازمة عنه، وتفيد منها الإدارة التعليمية والمدرسية والمعلم ويشمل:

أ- البيانات الأساسية: تقدم هذه الخدمة كل ما يحتاج إلية المعلم أو الإدارة المدرسية من معلومات كاسم الطالب وتاريخ ميلاده، ومكان الولادة ومحل الإقامة، الحالة الاقتصادية والاجتماعية.

ب- البيانات السلوكية: ترصد سلوكيات الطالب السلبية أو الإيجابية بشكل يومي، وتبين أهم المشاكل التي تواجه المدارس مثل: الحضور والغياب والهروب والمشاكل الأخرى التي قد يمارسها بعض الطلاب: حيث يقوم الحاسوب بإعداد تقارير تستطيع الإدارة متابعتها بشكل مستمر بالإضافة للمعلم.

ج- بيانات أولياء الأمور: ترصد هذه الخدمة المعلومات المهمة التي تحتاج إليها الإدارة المدرسية مثل: اسم ولي الأمر ومقر عمله وهاتفه وعنوان سكنه، وغيرها من المعلومات التي توفر على الإدارة المدرسية الجهد، وتسهل الاتصال بأولياء أمور الطلاب وقت ما تحتاج إليهم سواء في اجتماع دوري مثل: اجتماع أولياء الأمور وغيرها.

د- البيانات الاجتماعية: تخزين المعلومات التي لها علاقة بالجانب الاجتماعي مثل: المعونات والحاجات الخاصة للطلبة مثلا: مريض ويحتاج إلى عناية خاصة وغيرها.

2- توزيع الطلاب: وهي من الملفات الأساسية، ففي السابق كان أعضاء هيئة التدريس والإداريون يحتاجون إلى وقت كبير لترتيب ملفات الطلاب على الفصول حسب احتياج كل طالب أو مكانه المناسب، إلا أنه وبعد استخدام الحاسوب أصبح الأمر سهلا فتم توزع الطلاب على حسب تقدير إدارة المدرسة، ومثال ذلك توزيع الصف على مبدأ الحروف الأبجدية أو المستويات العلمية.

3- جداول المدرسة: هذه الخدمة وفرت الكثير من الجهد والوقت، لأنه من المعروف أن ترتيب جدول لمدرسة تحوي حوالي 1500 طالب وفيها أكثر من 70 معلماً يحتاج إلى وقت وجهد كبير، أما عن طريق البرامج الخاصة والمعدة لصيانة جداول مدرسية فإنك تحتاج فقط تخزين البيانات، وخلال بضع ثوانٍ يكون الجدول جاهزاً وبمقدور الإدارة المدرسية تعديله في حال تنقلات المعلمين أو إضافة مادة معينه أو تقليص صف أو زيادته.

4- نظام شؤون الموظفين: هذه الخدمة وفرت على منسق المدرسة الوقت والجهد لأن متابعة شؤون الموظفين فيها تعديلات كثيرة في العام الدراسي مثل: التعيينات الجديدة والترقيات والخصومات وغيرها، ويحتاج هذا إلى ملف خاص لكل موظف في المدرسة وإذا كانت المدرسة كبيرة فقد تحتاج إلى ملفات أكثر، وكل هذا يحتاج إلى مكان مخصص للتخزين أما الحاسوب فإنه يسهل العملية بتخزين المعلومات الضرورية عن الموظف وإضافة كل ما هو جديد لكل موظف دون الرجوع إلى الملفات الورقية.

5- نظام اللوازم: باستخدام الحاسوب يمكن بناء ملف بجميع المستلزمات المدرسية من أثاث، وأقلام، وعهد مخبريه وغيرها.

6- نظام المكتبات: باستخدام الحاسوب يمكن توفير المصادر والمراجع وتحديد تكلفه الكتاب وعدد الطلاب أو المعلمين أو الإداريين المستعيرين للكتب ووقت الاستعارة ونوع الكتاب وغيرها.

7- السجل الطبي والتشخيص للطلاب: هذه الخدمة تقوم على إعداد ملفات خاصة لكل طالب مما يسهل العمل على الإدارة المدرسية والجهة المعنية بذلك لمتابعة حالة كل طالب بإعداد تقارير سرية لا يطلع عليها إلا المعنيون بذلك.

8- نظام المحاسبة: باستخدام الحاسوب يمكن لإدارة المدرسة تخزين كل ما يصرف

على المدرسة والعائدات من الجمعية التعاونية بالمدرسة وتقدمة للمنطقة التعليمية أو الوزارة.

9- الخدمات التربوية: مثل التقويم المرحلي والنهائي للطلاب أو عمل الاستبيانات وتحليلها أو المقابلات الشخصية أو التحليل الإحصائي للبحوث.

10- وسيلة تحكم: يمكن استخدام الحاسوب أيضا كوسيلة للتحكم بالوسائط التعليمية المختلفة للربط بين الأجهزة السمعية والبصرية المختلفة مثل: عرض البيانات - الفيديو المسجل .... الخ ، حيث يقوم المعلم بعمل سيناريو لتقديم مادة الدرس ويقوم الحاسوب بالعمل اللازم وإخراج المادة العملية بالصورة التي يرتبها المعلم. (الفار،2004:ص68-70)، (عيادات،2004:ص18-19).

11- الألعاب التعليمية **Instructional Games**: يزود هذا النمط المتعلم بممارسة أداء مهارة معينه في سياق لعبة: يمكن أن تبرمج المادة التعليمية على شكل تمارين ولكن في سياق لعبة ؛ من أجل إيجاد جو يحبب المتعلم ويشوقه للتعلم.

12- التدريس الخصوصي **Tutorial**: يعد هذا النمط بمثابة معلم خصوصي، حيث يهدف إلى التفاعل بين الجهاز والمتعلم، يقوم بتقديم المحتويات في وحدات صغيرة، ويتبع كل وحدة سؤال خاص بها، وبعد ذلك يقوم الحاسوب بتحليل استجابة المتعلم ومقارنتها بالإجابة الصحيحة، وعلى ضوء ذلك تقدم التغذية الراجعة .

دواعي ومبررات استخدام الحاسوب في العملية التعليمية

هناك عدة مبررات استخدام الحاسوب في العملية التعليمية منها:

1- الحاسوب شائع الاستخدام في كثير من المجالات كالتجارة، والمؤسسات الصناعية والبنوك. لذا فعلى المؤسسة التربوية إدخاله ضمن معداتها وبرامجها لتدريب الطلبة على استخدامه.

2- وجود الحاسوب في كثير من البيوت ، وقد تم تطوير أنواع منه تناسب الاستخدام الشخصي. ويستخدم الحاسوب في البيوت على صور متعددة منها الألعاب الحاسوبية وللتزود بالمعلومات وما إلى ذلك .

3- يوفر الحاسوب نشاطات وخبرات بديلة عندما تكون الخبرة الأصلية غير متاحة أولها تأثيرات ومضاعفات خطرة على الطلبة أو أحياناً تكون غالية الكلفة .

4- يوفر الحاسوب النشاطات المعدة بإتقان ودقة ودون أخطاء وبسرعة مناسبة. وقد يعتبر الحاسوب من أهم التقنيات التي تساعد على تدريس العلوم بطريقة الاستقصاء المقيد لما يوفره من برامج معدة سلفاً لنفس الغرض .

5- توفر البرامج الحاسوبية مبدأ مراعاة شروط التعلم الفردي وتوفير خبرات تعلمّية تتناسب مع كافة مستويات الطلبة في الصف حسب احتياجاتهم وتشجع مثل هذه البرامج وتعزز التعلم عند الطلبة وتثير حماسهم له، كما أن بعضها يمكن الطلبة من تطبيق أسلوب حل المشكلات واكتساب قدرات عقلية مناسبة .

6- محاكاة نشاطات العالم وممارساته في صنع العلم واستخدام نفس المواد والأجهزة التي يستخدمها. (عطاالله، 2001 : 240)

7- تزويد الطلاب بالمعلومات وتقييم مستوى الأداء للطالب.

8- تشخيص جوانب الضعف والقوة لدى الطلاب.

9- تقديم برامج علاجية للطلبة الضعاف وبرامج إثرائية للطلبة سريعي التعلم.

10- متابعة تعلم الطالب وبشكل مستمر. (عيادات، 2004:ص140-147)

استخدام الحاسب الآلي في كتابة وتنظيم الملخصات والملاحظات

هو من مهارات الاستذكار المستحدثة والتي لا تقل أهمية عن المهارات الأخرى إن لم تفقْها امتيازا وتيسيرا لعملية التعلم، حيث يعد تنشيط الدافعية للتعلم وإثارة

التعاون الجماعي بين العاملين على الحاسب الآلي والاتصال المباشر بينهما، ناهيك عن حداثة المعلومة، والانفتاح على المعلومات الجارية، وسهولة الحصول على الجديد منها، كل ذلك يعمل على جذب الانتباه والتركيز وإثارة الاهتمام وتنشيط الدافعية للتعلم، وذلك ن أهم الأهداف التي طالما سعى التربويون إليها.

ولقد أكدت دراسة (1989) Permutter, et al. على أن تفاعل التلاميذ مع الحاسب الآلي يخلق روح التعاون والمنافسة بين بعضهم البعض ،من خلال ما يدور بينهم من مناقشات، ويؤدي إلى تنسيق جهود المتعلمين، وتقسيم العمل بينهم، وزيادة تقبلهم للآراء والمقترحات، وتقليل صعوبة الاتصال بينهم أكثر من تعلمهم بطريقة فردية، ويجعل من التلميذ مشاركا إيجابيا في العملية التعليمية، لا متلقيا سلبيا للمعلومات. وأوضحت نتائج دراسة عواطف حسانين (1995م) أن الطلاب بالمرحلة الثانوية يفضلون التعامل مع الحاسب الآلي كوسيط تعليمي يعرض المثيرات بطريقة حديثة، فيها الحركة والحيوية والمتعة، مما يكسبهم دافعا قويا لمواصلة التعلم، كما بدت على الطلاب روح التعاون والمشاركة في حل المشكلات الرياضية التي تُعرض بالحاسب الآلي.

وأكدت دراسة (1997) Siadat على وجود الدوافع الإيجابية لدى المتعلمين في استخدام الكمبيوتر في التعلم، لما له من قدرة على جذب للانتباه والتفاعل المباشر مع المعلومات ومصادر التعلم المختلفة، كما أكدت نتائج الدراسة على أهمية أثر الحداثة في رفع مستوى التعلم لدى التلاميذ، حيث أشارت النتائج إلى أن أثر الحداثة على إطالة أمد التعلم يقدر بنسبة 26%.

ومما هو جدير بالذكر أن استخدام التكنولوجيا في إجراء العمليات الآلية يعطي فسحة من الوقت للتركيز في جوهر المشكلة، كاستخدام الآلات الحاسبة في إجراء العمليات الإحصائية أو العمليات الرياضية، تاركا العقل يمارس مهام أخرى، كالفهم والتركيز والتحليل والنقد والتقييم، إلى آخر العمليات العقلية العليا والضرورية. (Siadat: 1997: P. 1227)

كما أن أهمية استخدام الحاسب الآلي كمعين في الاستذكار تكمن في تقديمه للتسهيلات في الإعداد والتنظيم للجداول ونسخ الملاحظات والحركة بينها بسهولة، وإضافة ما نرغب في إضافته إليها دون الحاجة إلى إعادة نسخها مرة أخرى، وكأن المعلومات على صفحة سائلة يمكن تشكيلها، أو إعادة تنظيمها كما نشاء، فضلا عن استخدام الرسوم التوضيحية والرموز والاختصارات بسهولة، ودمجها مع الملاحظات. كل ذلك يعمل على ادخار الوقت وحسن التنظيم. ويضاف إلى ذلك إمكان الاتصال بشبكة المعلومات العالمية، وسهولة الاطلاع على المعلومات الحديثة في موضوعات الدراسة، فضلا عن استخدام البريد الإلكتروني في المراسلات العلمية بين أرجاء العالم. ناهيك عن العديد من الإمكانات الأخرى للحاسب الآلي التي يمكن استخدامها في تيسير مهارات الاستذكار، وتصحيح الأخطاء الإملائية، وتخزين قوائم المراجع لحين الحاجة إليها، وبالكيفية التي نريد. وببساطة يمكن القول إن الحاسب الآلي هو بديل ممتاز لقلم المتعلم وورقته.

مهارات التنظيم للاستذكار باستخدام الحاسب الآلي

استخدام الحاسب الآلي كمعين للاستذكار يوفر العديد من المميزات، ولزيادة فاعلية استخدامه في التنظيم وكمعين وكأداة عصرية لابد منها للاطلاع على كل ما هو جديد، فإن هناك بعض المهارات الضرورية التي تساعد على مضاعفة فاعلية استخدامه، والتي من أهمها :

- مهارات تشغيل الحاسب الآلي وخاصة برنامج النوافذ. Windows V.x & Microsoft office.

- فور فتح ملف على برنامج معالج الكلمات Winnowed يجب تسميته ،حتى يمكن حفظ المعلومات به، وإعادة استرجاعه عند الحاجة إليه.

- اختيار أسماء الملفات باسم يشير إلى محتواه ييسر عليك البحث عنه.

- يفضل وضع عنوان الموضوع على هامش الصفحة ليظهر عند الطباعة في كل ورقة.

- يفضل أن يكون حجم الملف صغيراً يتراوح من 50-60 صفحة.

- أحفظ عملك على الملف كل فترة زمنية قصيرة (10دقائق)، ويمكن عمل ذلك آليا من خلال الحاسب.

- كل مجموعة ملفات تتناول موضوعاً واحداً يفضل وضعها في فهرس واحد باسمٍ يجمع بين محتوياتها.

- احتفظ بعملك وملفاتك على أقراص مرنة ،مع تسمية الأقراص وعنونتها.

- احتفظ بالأقراص في أماكن جافة جيدة التهوية داخل علبة نظيفة بعيدة عن الأتربة وضوء الشمس المباشر، حتى لا تفقد محتوياتها.

- لا تتبادل الأقراص مع الآخرين، حتى تتجنب تلف محتوياتها، أو انتقال فيروسات الحاسب الآلي إلى جهازك وبياناتك، مما يسبب تدميرها.

عيوب الحاسوب:

من عيوب الحاسوب في العملية التعلمية أن الطالب لا يستطيع أن يطرح جميع الأسئلة التي تدور في ذهنه مثلما يحدث في الموقف الصفي، فضلاً عن أن المناقشات الجماعية غير موجودة. (Steinberg, 1984: pp3-5)

أن عدم القدرة على وصف عملية التعلم وتحديدها بشكل دقيق أعاق عملية تقدم استخدام الكمبيوتر في التعليم، وهذا يتفق مع حقيقة أنه لا بد أن لا ينظر لمسرح التربية كمجال خصب للاستثمار التجاري، ويلاحظ أن الهارد وير والسوفت وير قد نما استثمارهما اقتصادياً بشكل ملحوظ في السنوات الأخيرة.

ومن التوقعات التي يحدثها التعلم بالحاسوب قضاء الطالب وقته مع العالم الرقمي أكثر من قضائه مع الناس الحقيقيين. (Healey, 2002: p84)

وفي نفس الوقت فإنه إذا اعتمد الطلبة على حل مشاكلهم باستخدام الحاسوب فإنهم قد يصبحوا غير قادرين على حل جميع مشاكلهم بدونه. (Schwartz & Vockell, 1988 : p126)

إن الحاسوب على أهميته في العملية التعليمية لا يأخذ مكان المدرس، ويمكن الاستغناء عن المدرس بتاتا، وإنما الحاسوب بمنزلة اليد اليمنى له أو المساعد الكبير للمدرس، وهذا نتيجة أسباب عدة هي:

1- إن الحاسوب لا يجيب عن جميع الأسئلة التي يسألها الطالب.

2- المدرس قدوة للطلبة ، فهم يستشفون بعض صفاته التي يحبونها.

3- نحتاج إلى المعلم أن ينطق الكلمات التي تخرج من الحاسوب، ولهذا للمعلم دور إرشادي عند استخدام الحاسوب.

4- المعلم قد يستطيع أن يساعد التلميذ في أي وقت خلافا للحاسوب.

5- لا يوجد عنصر للمناقشة أو الحوار بين التلميذ والحاسوب، بعكس المدرس الذي يشجع ويحاور الطلبة في موضوعات قد لا يلم بها الحاسوب.

6- الحاسوب لا يوازي الإنسان، ولا يستطيع القيام بكل شيء، ولكنه ينفذ بعض الأوامر، التي يفعلها الإنسان، فقد يخرج صوت أو تظهر ألوان، لكنه في النهاية يعتبر أدق بكثير من الإنسان. كما أننا نستطيع أن نكبر ذاكرة الحاسوب، أما الإنسان فيمكن أن ننمي قدراته، ولكننا لا نستطيع أن نكبر ذاكرته، لأنها محدودة. (محمد، 1999: ص23-24) .

7- يؤدي دخول الحاسوب إلى تقليص دور المعلم مما يؤدي إلى البطالة التكنولوجية.

8- عدم إلمام المدرس بالمادة العلمية الإلمام الكافي، ونقلها حرفيا كما هي، وعدم إلمامه بكل جديد.

9- عملية التدريس التقليدية تعطي المدرس حرية أكثر ببعض القوانين وطرق التعليم.

10- أحيانا يسبب الحاسوب عدم الثقة بالنفس للمدرس لخوفه من الفشل وعدم النجاح.

11- يحتاج إلى وقت فراغ من المدرس لدمجه مع المجال التربوي والاجتماعي.

12- الحاسوب ينزع الروح الإنسانية من الحياة التدريسية، فيضيع دور المدرسين الوجداني.

13- تشتت الانتباه لمن يستعمله بطريقة مكثفة.

14- الاعتماد على التكنولوجيا بشكل كلي تقلل من مهارات الإنسان.

15- كثرة الجلوس أمام الحاسوب يسبب بعض الأمراض مثل الديسك وتوتر الجهاز العصبي والانطواء، ضعف النظر.

16- تقلل من فرص العمل لان مهارات الإنسان تقل باستعمال الحاسوب المكثف.

17- مكلفة إذا كان لم نحسن استخدامها.

18- تحتاج إلى ضبط داخلي خوفا من سلوكات سيئة.

19- عدم وجود فنيين لتصحيح الأعطال في البرمجيات أو الصيانة.

20- الاستخدام المفرط للتكنولوجيا يورث الكسل، وانعدام بعض السلوكيات مثل سوء الخط، الحساب الذهني السريع.

إرشادات للمعلم عند التعليم بمساعدة الحاسوب:

1- توضيح الأهداف التعليمية المراد تحقيقها من البرامج لكل طالب.

2- إخبار الطلبة عن المدة الزمنية المتاحة للتعلم بالحاسوب.

3- تزويد الطلبة بأهم المفاهيم والخبرات التي يلزم التركيز عليها أثناء التعلم.

4- شرح الخطوات التي يجب على الطالب اتباعها لإنجاز العمل.

5- تعريف الطلبة بكينونة تقويم تحصيلهم لأنواع التعلم بالحاسوب.

6- تحديد الأنشطة التي سيقوم بها الطالب بعد انتهائه من تعلم البرنامج. (محمد، 1999 : ص 29-31).

ثالثا الإنترنيت (Internet):

ظهرت شبكة الإنترنت من خلال تقنيات الحاسوب وأحدثت طوفاناً معلوماتياً، وأصبحت المسافة بين المعلومة والإنسان تقترب من المسافة التي تفصله عن مفتاح جهاز الحاسوب شيئاً فشيئاً، وأما زمن الوصول إليها فأصبح بالدقائق والثواني , فكان لزاماً على كل مجتمع يريد اللحاق بالعصر المعلوماتي أن ينشئ أجياله على تعلم الحاسوب وتقنياته، ويؤهلهم لمجابهة التغيرات المتسارعة في هذا العصر , لذا فقد قامت بعض الدول بوضع خطط واستراتيجيات معلومة تفضي إلى جعل الحاسوب وشبكة الإنترنت عنصراً أساسياً في البيئة المدرسية، ويعرف الكثير شبكة الإنترنت على أنها شبكة معلومات تتكون من عدد هائل من الحواسيب مختلفة الأنواع والأحجام والمنتشرة حول العالم (بدءاً من الحواسيب الشخصية وانتهاءً بالحواسب العملاقة). ويتم الربط بينها من خلال برتوكول التحكم بالإرسال وبرتوكول الانترنت مما ينتج عنه قاعدة بيانات ضخمة لخدمة المستخدم. (سعادة والسرطاوي، 2003:ص67)

يشير (بيل جيتس) مدير عام شركة الميكروسوفت العالمية على تطبيقات الإنترنت في عملية التعليم: طريق المعلومات السريع الذي سوف يساعد على رفع المقاييس التعليمية لكل فرد في الأجيال القادمة، وسوف يتيح ظهور طرائق جديدة للتدريس ومجالاً أوسع بكثير للاختيار... وسوف يمثل التعليم باستخدام الحاسب الآلي نقطة الانطلاق نحو التعلم المستمر من الحاسب الآلي... وسوف يقوم مدرسو المستقبل الجدد بما هو أكثر من تعريف الطلاب بكيفية العثور على المعلومات عبر طريق المعلومات السريع، فسوف يظل مطلوباً منهم أن يدركوا متى يختبرون، ومتى يعلقون، أو يثيرون الاهتمام، ثم خلص إلى أن استخدم البريد الإلكتروني في البحث والاتصال يساعد على توفير الوقت لدى الطلاب. (مصطفى، 2005:ص252-253)

الإنترنت مثال واقعي للقدرة على الحصول على المعلومات من مختلف أنحاء العالم ويساعد على الاتصال بأسرع وقتٍ وبأقل تكلفة، ويعمل على توفير أكثر من طريقة في

التدريس ذلك أن الإنترنت هي بمثابة مكتبة كبيرة تتوافر فيها جميع الكتب والبرامج التعليمية ، وإن أكثر ما يميز هذه الشبكة برامج الاتصال المختلفة، ومنها على سبيل المثال: (التخابر الكتابي Chat) ومنها غرف الدردشة الصوتية، وغيرها من برامج الاتصال ، وقد تفيد هذه البرامج العملية التعليمية في البيئة المدرسية في عمليتي التعليم والتعلم وأكثر هذه البرامج شيوعاً تلك: (مصطفى عبد السميع وآخرون): البريد الإلكتروني E-mail ومؤتمرات الفيديو Video Conferencing:

• **البريد الإلكتروني** E-mail: هذه الخدمة تسمح للمستخدم بإرسال الرسائل النصية أو الصور الثابتة أو المتحركة أو مقاطع الفيديو أو الصوت أو بعض البرامج المضغوطة وغيرها من شخص إلى آخر عبر شبكة الإنترنت.

أما أهمية البريد الإلكتروني التعليمي فتتمثل في:

1- استخدامه كوسيط بين المعلم والطالب داخل المدرسة أو خارجها لتلمس المعلمين أهم المشاكل التي قد يعاني منها الطالب بسرية تامة حتى يستطيعوا معالجتها، وتبادل الأسئلة فيما بينهم، ويرسل الطلبة أنشطتهم وواجباتهم للمعلمين وغيرها.

2- استخدامه كوسيط بين الإدارة المدرسية والمعلمين والعاملين بالمدرسة لإرسال اللوائح والتعاميم وما يستجد من أنظمة للجميع.

3- استخدامه كوسيط بين الإدارة المدرسية وأولياء أمور الطلاب لمتابعتهم المستمرة لتحصيلهم الدراسي وسلوكهم الأخلاقي داخل المدرسة.

4- وسيلة اتصال بين المدرسة والبيئة المحيطة بها من مؤسسات حكومية وخاصة وتبادل المعلومات والمعارف.

• **مؤتمرات الفيديو** Video Conferencing: هذه الخدمة المتميزة ساعدت في الكثير من المجالات، فمثلاً في مجال الطب يشرف الاستشاري المتخصص على عملية جراحية

من بلد والعملية التي تجرى للمريض في بلد آخر ويكون التواصل حي بينهما، وفي مجال التعليم عن بعد أيضاً وغيرها.

مؤتمرات الفيديو عبارة عن كاميرات صغيرة توضع على جهاز الحاسوب لتقوم بالتصوير ونقل الصوت والصورة لعرضها بشكل متزامن في مكان آخر.

وتتمثل فوائد مؤتمرات الفيديو التعليمي في:

1- سرعة عقد الاجتماعات بين الإدارات التعليمية والإدارات المدرسية، والمعلمين.

2- فتح باب الحوار والمناقشة بين طلاب المدارس المختلفة مما يساعد على تنمية مهارتهم الحوارية وزيادة ثقافتهم العلمية والمعرفية.

3- استضافة أحد المتخصصين في مجال معين لمناقشته في مجال عملة وأبحاثه وخبراته فهذه الخدمة توفر المال والجهد. (عبد السميع وآخرون، 2004: ص136-138)

الإنترانت (**Intranet**)

إن أي تعريف للإنترانت يبدأ عند الإنترنت, فقد عرفت شبكة الإنترانت على أنها: شبكة داخلية تختص بمؤسسة معينة أو شركة وتستخدم نفس برمجيات الإنترنت وتستخدم لتامين الاتصالات بين الأشخاص داخل المؤسسة أو الشركة وتشبه الإنترانت شبكة الإنترنت حيث تستخدم نفس برتوكولاتها, وأيضا تستخدم نفس لغات البرمجة, وذلك لتسهيل الاتصال بين الأشخاص داخل المؤسسة أو الشركة كما في المخطط (4) .

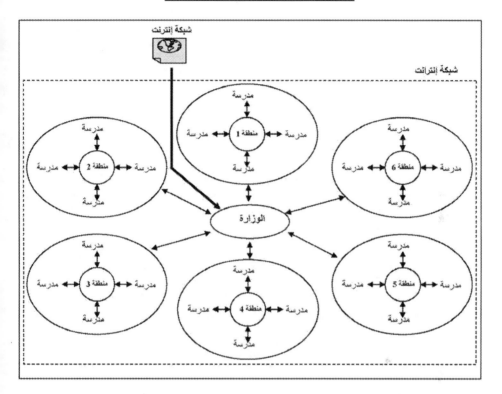

مخطط(4): يبين ربط شبكة الانترنت افتراضية بين المدارس والوزارة
(ابو الهجاء وآخرون،2003:ص245).

وتتمثل الفوائد التي يمكن أن تقدمها هذه الشبكة الافتراضية فيما يلي :

1- تنمية مهارات استخدام الحاسوب لغالبية المنتسبين لوزارة التربية والتعليم .

2- توفر الجهد والمال والوقت على جميع العاملين على الشبكة.

3- توفر التواصل الدائم بين الإدارات التعليمية والإدارات المدرسية والمعلمين والطلبة عبر هذه الشبكة عن طريق برامج الاتصال المختلفة.

4- وضع كل ما يخص التربية في إطار عام يستطيع أية عضو في أي مدرسة الاطلاع علية مثل القارات الوزارية الدورية.

5- وضع المواد التعليمية والمعلومات التي تراها الجهة المعنية مناسبة لسن الطالب, وضمان عدم اختراقها والعبث بمحتوياتها، وهذه الشبكة آمن من برامج الترشيح المستخدمة في الإنترنت.

6- توثيق الصادر والوارد المرسل عن طريق البريد الإلكتروني.

7- وضع مساحة تنافسية بين المديريات أو المدارس لعرض ابتكاراتهم ومقترحاتهم التي قد تفيد العملية التعليمية.

8- التخلص من الإعلانات الورقية واللوائح الإرشادية التقليدية ووضعها في إطار تكنولوجي حديث. مثل: حملات التوعية الإعلانية وجداول الحصص ونتائج الاختبارات وغيرها

ويتضح مما سبق أن الإنترانت تستخدم نفس البروتوكولات والقواعد المستخدمة للإنترنت، الفرق الوحيد بينهما هو أن الإنترانت شبكة مغلقة لا تتوفر إلا للعاملين المتصلين بالشبكة داخل شركة أو مؤسسة ما والإنترنت مفتوحة يمكن لأي مشترك الاستفادة من خدماتها، والمعلومات المتوفرة على الإنترانت عادة ما تكون معلومات خاصة بالشركة أو بمؤسسة ما لها طبيعة خاصة وتستطيع الشركات أو المؤسسات أن تؤسس شبكه إنترانت خاصة بها عن طريق تثبيت بروتوكول معين، وخادم، ومستعرض ويب. ويمكن للأفراد دخول الشبكة واستخدام مستعرض الويب الخاص بهم لاستعراض أي مستند أو ملف. كما يمكن لهؤلاء الأفراد أن يكتبوا العنوان المحلى الخاص بالمستند الذي يريدون استعراضه بنفس طريقة كتابة عناوين الإنترنت.إن استخدام الإنترانت لا يمنعك من استخدام الانترنت، فمن الممكن أن تظل على اتصال بكلتا الشبكتين. وتعتبر الإنترانت أكثر إنتاجية من الإنترنت لصغرها وقلة مستخدميها، ويمكن التحكم بالمعلومات فيها وفق أهداف مدروسة، ولو استخدمت هذه الشبكة الصغيرة في التعليم لكان لها الأثر الكبير على العملية التعليمية ككل. أي بعمل ربط بين الوزارة والمديريات التعليمية والمدارس مع بعضها البعض.

رغم الفوائد الكثيرة التي سبق ذكرها للجوانب المتضمنة للتقنيات وخاصة تقنيات الاتصالات والمعلومات ألا أن الدراسات توصلت إلى العديد من المعوقات التي تحول دون استخدام هذه التقنيات بالصورة المثلى في التعليم، منها :

1- غياب التحديد الدقيق للأهداف التعليمية لاستخدامها في التعليم .
2- عدم وجود خطه محدده لتوظيف التقنيات في المواقف الذاتية.
3- الحاجة إلى تدريب الباحثين والمعلمين على الاستخدامات التربوية المتعددة لتقنيات الاتصالات والمعلومات وإكسابهم مهارات تدريب طلابهم عليها.
4- الكلفة الكبيرة لتجهيز المدارس والفصول الدراسية بالأجهزة التقنية الحديثة.
5- عدم توفير المعلومات اللازمة لكيفية توظيف التقنيات في التعليم.
6- تستغرق التقنيات الحديثة وقتا طويلا في الدخول للملفات وتحميل المعلومات.
7- الخوف من سيطرة الحاسوب على كافة جوانب حياة الطالب والمعلم معا.
8- العزلة التي يفرضها الحاسوب على المتعلم مما يشعره بالوحدة والبعد عن الأقران .
9- تعارض بعض ما تنشره وسائل التقنيات الحديثة مع القيم الأصيلة في المجتمع.
10- الخوف من أن يسيء بعض المتعلمين استخدام هذه التقنيات في الاتصالات غير الموجهة.
11- قد تنمي هذه الوسائل لدى بعض المتعلمين التشكك في المعلومات نتيجة عرضها للكثير من المتناقضات العلمية.
12- قد يؤدي بريق التقنيات الحديثة إلى إضعاف إيمان المتعلمين بالاتجاهات العلمية والقيم التربوية التي تعمل المدرسة على إكسابها للمتعلمين. (الضبع،جاب اللـه، 2002:ص16)

الفصل الثالث

الدراسات السابقة

دراسة النجار (**2001**):

أجريت الدراسة في السعودية وهدفت الدراسة إلى إلقاء الضوء على خدمة الانترنت والتعريف بها لإرشاد أعضاء هيئة التدريس والباحثين إلى كيفية الاستعانة بها في إعداد البحوث والدراسات في مختلف المجالات البحثية ومن خلال هذا حدد الباحث السؤال الأتي :

ما واقع استخدام أعضاء هيئة التدريس بجامعة الملك فيصل لتطبيقات الانترنت في البحث العلمي ، تكون المجتمع من جميع أعضاء هيئة التدريس والمحاضرين بجامعة الملك فيصل ، والبالغ عددهم (345) فرداً من الذكور والإناث موزعين على أربع كليات ، وقد كانت عينة عشوائية وتقدر عددها بنحو (200) فرداً ، واعتمد الباحث استبانه مؤلفة من (63) فقرة قسمت إلى ثلاثة مجالات:

- المجال الأول: تناول المعلومات الشخصية والمهنية عن المستجوبين .
- المجال الثاني: تكون من تسعة أسئلة تقيس تسعة من المحاور ذات العلاقة باستخدام الانترنت في البحث العلمي .
- المجال الثالث: تكون من أربعة أسئلة مفتوحة لإتاحة الفرصة لأعضاء هيئة التدريس للتعبير عن آرائهم في البحث العلمي .

وبعد جمع البيانات وتحليلها إحصائيا ، توصل الباحث إلى النتائج الآتية :

أ- يرى الغالبية بأن استخدام الانترنت لغرض البحث العلمي مهم جداً .

ب- تؤكد نتائج الدراسة أن هناك اتجاهاً ايجابياً لأعضاء هيئة التدريس نحو استخدام الانترنت في البحث العلمي .

ج- يمثل عدم توافر التدريب المناسب على استخدام الانترنت أهم معوقات استخدام الانترنت في البحث العلمي .

د- وجود فروق بين أعضاء هيئة التدريس في مقدار استخدامهم للانترنت في البحث العلمي تعزى إلى متغير الكلية التي يعمل بتا عضو هيئة التدريس، والجنس والرتبة العلمية، وامتلاك كمبيوتر بالمكتب، والاتصال بالانترنت.

هـ- وجود فروق دالة إحصائيا بين أراء أعضاء هيئة التدريس في أهمية استخدامهم للانترنت في البحث العلمي تعزى إلى الجنسية فقط.

(النجار، 2001: 135-160).

2- دراسة العمري (**2002**):

أجريت الدراسة في الأردن وهدفت الدراسة إلى استقصاء واقع استخدام الانترنت لدى أعضاء هيئة التدريس والطلبة في جامعة العلوم والتكنولوجيا الأردنية، وقد تكونت عينة الدراسة من (124) عضو هيئة تدريس موزعين على مختلف كليات الجامعة، ومن (336) طالباً وطالبة موزعين على مختلف الكليات أيضا، قد تم تطوير استبانه مكون من قسمين:

- الأول : معلومات عامة وأسئلة مفتوحة للكشف عن الاحتياجات .
- الثاني: تكون من عشرين فقرة تعب عن مجالات استخدام أعضاء هيئة التدريس والطلبة للانترنت .

ولتحليل نتائج الدراسة استخدمت التكرارات والنسب المئوية والمتوسطات الحسابية والانحرافات المعيارية وتحليل التباين المتعدد ، وأظهرت النتائج الأتي:

أ- إن (50%) من أعضاء هيئة التدريس في جامعة العلوم التكنولوجيا الأردنية يستخدمون الانترنت يومياً مرة واحدة، ولمدة تتراوح بين ساعتين وأربع ساعات، وأن (45%) يستخدمونها أسبوعيا ، ولم تكشف الدراسة عن وجود أي عضو هيئة تدريس لاستخدام الانترنت مطلقاً .

ب- إن (66,13%) من أعضاء هيئة التدريس يعتبرون شبكة الانترنت مهمة جداً لبحوثهم العلمية المختلفة .

ج- إن هناك (11) سبباً لاستخدام الانترنت من قبل أعضاء هيئة التدريس نال تأييدا بنسبة (50.81) فما فوق .

د- إن (75%) من أعضاء هيئة التدريس في جامعة العلوم التكنولوجيا الأردنية يتقنون مهارة استخدام الانترنت وأن (50%) منهم ترتبط حواسيبهم مباشرة بشبكة الانترنت ، وأن (25%) منهم بحاجة إلى دورة تدريبية مكثفة في مجال التدرب على مهارات استخدام الانترنت .

هـ- لا توجد فروق ذات دلالة إحصائية (0.05) بين متوسطات استجابات أعضاء هيئة التدريس على الاستبانة تعزى إلى الكلية التي يعملون بها ، أو إلى جنسهم أو إلى امتلاكهم حواسيب أو إلى ارتباط حواسيبهم بشبكة الانترنت .

ط- إن هناك (11) سبباً لاستخدام الانترنت من قبل الطلبة نال تأييدا بنسبة (59,52%) فما فوق .

ظ- لا توجد فروق ذات دلالة إحصائية (0.05) بين متوسطات استجابات الطلبة على الاستبانة تعزى إلى امتلاكهم حواسيب وارتباطها بشبكة الانترنت.

(العمري ، 2002:ص35-67) .

3- دراسة (Hovermill, 2003)

أجريت الدراسة في أمريكيا جامعة كلارودو وهدفت الدراسة إلى: تقديم مشروع للتنمية المهنية يعتمد على استخدام برامج الكمبيوتر في تدريس منهج الرياضيات.

واستخدمت الدراسة مجموعة من ثلاثة معلمين للرياضيات كمجموعة للبحث، وتم فحص فهمهم وممارستهم لتحليل المحتوى وفن التدريس، واستخدام التفكير باستخدام الحاسوب في التدريس في برنامج لمدة أسبوع، واستخدمت الدراسة الاستبيانات والملاحظة المباشرة وتوصلت الدراسة إلى مجموعة نتائج منها:

- أن استخدام التفكير باستخدام الحاسوب في التدريس حقق إطار مفاهيمي لبيئة تعلم فعالة.
- أن المعلمين أظهروا فهمًا كبيرًا وممارسات قوية في المجالات الثلاثة: المحتوى، فن التدريس، استخدام التكنولوجيا.
- أن برنامج التنمية المهنية ينبغي أن يتضمن معارف وممارسات تدريبية على المحتوى وفن التدريس واستخدام التعليم الالكتروني.

(Hovermill, 2003: 2-3)

4- دراسة (Hong et al, 2003):

أجريت في جامعة ماليزيا ساراوك وهدفت إلى الإجابة على الأسئلة الآتية:

1- ما مواقفَ الطلابَ نحو استعمال تقنياتِ المعلوماتَ، بشكل خاص، الإنترنت في مهام التَعَلّم؟.

2- ما العلاقة بين المهارات ومعرفة الطلاب الأساسية في الإنترنتِ حَصلتْ عليها خلال هذه الفصول العامة ومواقفِهم نحو استعمال الإنترنتِ للتَعَلّم؟

3- هل البيئة التعليمية الغنية بالتكنولوجيا والإنترنت في بناء اتجاهات إيجابية بين الطلبة نحو استخدام الإنترنت للتعلم.

تكونت عينة الدراسة من (88) طالباً من طلاب السنة الثانية اختيروا عشوائياً من بين جميع طلبة السنة الثانية المسجلين في كليات الجامعة. استخدم الباحثون استبانة لقياس الاتجاهات نحو استخدام الإنترنت في التعليم، وقد بينت النتائج أنه كان لدى الطلبة اتجاهات إيجابية نحو استخدام الإنترنت كأداة للتعلم، وكان لديهم معرفة أساسية كافية بالإنترنت. وقد رأوا بيئة الانترنت بيئة مشجعة ومعززة لاستخدامها في التعلم. وقد أكد الباحثون أن الجامعة قد حققت أهدافها في تشجيع استخدام الانترنت للأهداف التعليمية، ومع بداية توفير الجامعة لمواد تدريسية على الإنترنت فقد كان من الواجب كذلك إعادة تصميم المواد الأساسية في تكنولوجيا المعلومات، وذلك لتقديم مبادئ البيئات التعليمية القائمة على الإنترنت حيث يجب أن تقدم هذه المواد قائمة على الإنترنت. وذلك لتحضير الطلبة للتعلم باستخدام هذه البيئات. لقد بينت النتائج الحاجة الصريحة لتصميم إستراتيجية تنظيمية لمؤتمرات الإنترنت المتزامنة التي تستخدم أسلوب حل المشكلات لمساعدة الطلبة في إنهاء (التعلم القائم على المشكلات). (Hong et al, 2003: p.45-49)

5- دراسة (Carboni, 2003)

أجريت الدراسة في أمريكيا وهدفت على معرفة اثر استخدام منتديات المناقشة والحوار عبر الانترنيت في دعم تنمية المهنية لمعلمي الرياضيات في المدارس الابتدائية.

شارك (14) معلم للرياضيات للصف الثالث الابتدائي في منتدى المناقشة عبر الانترنيت ولمدة (8) أشهر، واعتمد على مشاركة المعلمين ومناقشاتهم وتأملات في تعليم وتعلم الرياضيات في المرحلة الابتدائية.

وقام الباحث بفحص:

1- نمط المشاركة في مندى المناقشة.

2- طبيعة الحوار بين المعلمين أثناء المناقشة مثل ارتباط تعليم الرياضيات القائم على التغير والتطوير.

3- تحديد نمط المشاركات في المنتدى التي تدعم تطوير مجتمع التعلم بين المشاركين.

4- استخدم الباحث المقابلة الشخصية، واستبيان عن الخبرات المهنية والتكنولوجية للمعلمين، والملاحظة المباشرة لجميع البيانات قبل وبعد المشاركة في البرنامج، وكذلك استخدم تحليل مضمون (578) رسالة راسلت للمنتدى عبر الانترنيت من المشاركين.

وتوصلت الدراسة على النتائج الآتية:

1- تحول المعلمين من استخدام العبارات العامة في حوارهم عن تعليم وعلم الرياضيات على المشاركات تفصيلية عن المشكلات والاستراتيجيات التدريسية التخصصية وتناول حوارهم المهام الشائعة مع تلاميذهم.

2- قام المعمين بتحديد توجهات المنتدى لتخدم الأهداف المهمة بالنسبة لهم.

3- تمت مناقشة السمات الشخصية والإنسانية لمجتمع التعلم.

4- تبن عدم كفاية الوقت المتاح للمعلمين للمناقشة والحوار.

5- وجود اثر كبير لاستخدام مندى المناقشة عبر الانترنيت في التنمية المهنية لمعلم الرياضيات بالمرحلة الابتدائية.

وقد قدمت الدراسة عدة بحوث مقترحة في مجال التنمية المهنية عبر الانترنيت. (,Carboni
(2003: 2-3

6- (دراسة الجرف 2004)

أجريت الدراسة في السعودية هدفت الدراسة استقصاء مدى استخدام أعضاء هيئة التدريس في الجامعات السعودية التفكير باستخدام الحاسوبين الواقع والطموح ، وكانت عينة البحث متكونة من 152 عضو منهم (46) عضوه هيئة تدريس بجامعة الملك سعود في كليات اللغات والترجمة والتربية والآداب، وجميع أعضاء هيئة التدريس في أقسام الدراسات الإسلامية واللغة العربية والإنجليزية بكلية التربية للبنات بمكة المكرمة وعددهن 106 عضوا، واقتصر البحث على حملة شهادة الدكتوراه فقط.

حيث قامت الباحثة بدخول مواقع الجامعات السعودية والبحث عن المقررات الالكترونية التي تطرحها الجامعات للطلاب، وفي أي التخصصات تطرح، وبوابات التفكير باستخدام الحاسوب المستخدمة، وما إذا كانت تقدم للأساتذة تدريبا على التفكير باستخدام الحاسوب على الانترنت مباشرة .كما قامت بإجراء مقابلة مع عينة من أعضاء هيئة التدريس وعمداء الكليات ووكلائها ورؤساء الأقسام للتعرف على المعوقات التي تحول دون استخدام أعضاء هيئة التدريس للتعليم الالكتروني. وأظهرت نتائج الدراسة أن ثلاث جامعات فقط 23% لديها اشتراك في بوابات التفكير باستخدام الحاسوب ولديها عدد من المقررات الالكترونية، ولكن هذا العدد لا يتناسب مع عدد الكليات والأقسام والمجموع الكلي لأعضاء هيئة التدريس في كل جامعة، أي أن الاستخدام الحالي لبوابات التفكير باستخدام الحاسوب ليس مجديا من الناحية الاقتصادية. وأظهرت نتائج الدراسة وجود 4 فئات من أعضاء هيئة التدريس من حيث تمكنهم من التفكير باستخدام الحاسوب واتجاهاهم نحو استخدامه .واتفق اغلب أفراد العينة على وجود عدد من المعوقات هي :عدم القدرة على استخدام المقررات الالكترونية، وعدم توفر الدورات التدريبية، وكثرة أعباء العمل، وعدم كفاية البنية التحتية التكنولوجية بوضعها الحالي للتعليم الالكتروني، وعدم دعم الإدارة. وحيث إن إدخال المقررات الالكترونية في التعليم العالي قد أصبح أمرا تفرضه التطورات التكنولوجية الحديثة،

وعدم قدرة أعضاء هيئة التدريس على استخدام المقررات الالكترونية لن يمكنهم من استغلالها واستفادة الطلاب منها بصورة فعالة، لذا قدمت الدراسة الحالية تصورا لتدريب أعضاء هيئة التدريس على التعليم الالكتروني، وما ينبغي أن يركز عليه مثل الشركات التي تقدم مقررات الكترونية مجانية وغير مجانية، وطريقة التسجيل فيها، ومكوناتها، وطريقة استخدامها، المهارات التي ينبغي أن يتقنها المعلمون المتدربون وأساسيات التدريب والمهارات التي ينبغي أن يركز عليها، وطرق التدريب ومراحله وقدمت بعض التوصيات الخاصة بتبني المقررات الالكترونية وتعميم استخدامها ونجاحه. (الجرف، 2004 :1-26)

7- دراسة **Aytekin 2004**

أجريت الدراسة في تركيا وهدفت على معرفة اتجاه طلبة نحو الانترنيت واستخداماته من قبل وحسب متغير الجنس، والمستوى التحصيلي للآباء والأمهات،وبعد الحاسوب والانترنيت عن الطالب.

تكونت عينة الدراسة من(173) طالب وطالبة المتخرجين من الدراسات العليا من جامعة قبرص،وتكونت الأداة والتي هي عبارة عن استبيان جاهز متكون من 30 فقرة مقابل مقياس خماسي (موافق بشدة، موافق، موافق بدرجة ضعيفة، أعارض، أعارض بشدة). ووزع الاستبيان عبر الانترنيت.

واستخدمت التكرارات وتحليل التباين أنوفا بوصفها وسائل إحصائية ومن نتائج البحث:

1- بلغت نسب الاتجاه الايجابي لعينة البحث (76%) ونوجد فروق ذات دلالة إحصائية عند مستوى(0.05) بين اتجاه الذكور والإناث ولصالح الذكور.

2- لا توجد فروق ذات دلالة إحصائية عند مستوى(0.05) بين اتجاه والبعد عن مكان الحاسوب أو الانترنيت عن بيت المستخدم.

3- كما بنت العينة نسب استخدامات الانترنيت على النحو الآتي:

- 71 % من المستخدمين يستعملونه في الاتصالات الهاتفية والبريد الالكتروني.
- 64 % بحث عن المعلومات.
- 42 % في التسلية والترفية.
- 38 % في جلب برامج الألعاب.
- 23 % العمل في التجارة.
- 18 % في الشراء والتسوق (Aytekin Isman, 2004: 6-12)

8- دراسة حسين 2005

أجريت الدراسة في مصر وهدفت إلى معرفة اثر تدريب معلم الرياضيات بالمرحلة الابتدائية أثناء الخدمة، وقدم برنامج لتدريب معلم الرياضيات بالمرحلة الابتدائية في ضوء الاتجاهات العالمية المعاصرة.

حيث تم تصميم نموذج مقترح لبناء برامج التدريب، ومن ثم قدم معايير لبناء برامج تدريب معلمي الرياضيات بالمرحلة الابتدائية، بما يحقق الاحتياجات التدريبية الحالية والمستقبلية لمعلمي الرياضيات بالمرحلة الابتدائية ويؤدي إلى تطوير الأداء التدريسي للمعلم.

وتم تقديم البرنامج التدريبي للمعلمين بطريقة مباشرة في مركز التدريب، بالإضافة إلى تصميم موقع على شبكة الإنترنت: وتقديم البرنامج من خلاله، وتم تدعيم التفاعل بين المتدربين من خلال تصميم مجموعة دراسية إليكترونية بما يؤدي إلى تحفيز المعلم لتطوير الأداء التدريسي وتحقيق التنمية المهنية المستديمة، واستخدم الباحث الاستبيانات والمقابلة الشخصية لجمع المعلومات.

وتوصل البحث إلى النتائج التالية:

- أن برامج التدريب المعدة في ضوء معايير محددة وتستخدم التكنولوجيا تؤدي إلى

تطوير الأداء التدريسي لمعلم الرياضيات. وقد يرجع ذلك إلى زيادة دافعية المعلمين أثناء البرنامج وممارستهم لأساليب تدريسية جديدة مع فرصة تطبيقها يوميًا داخل فصولهم والتقويم باستمرار، ووجود موقع، للبرنامج على الانترنت ومجموعة مناقشة وهي خبرة جديدة يمر بها المعلمين لأول مرة.

• يوجد أثر للبرنامج في تنمية الأداء التدريسي لمعلمي الرياضيات بالمرحلة الابتدائية.

وقد خرج البحث بعدة توصيات أهمها:

• ضرورة إيجاد كادر دائم من المدربين ذوي الكفاءة وتقويم أدائهم باستمرار.

• الاهتمام بمشاركة المعلمين مشاركة جادة وإيجابية في تصميم وبناء برامج التدريب أثناء الخدمة.

• اعتماد حوافز مادية ومعنوية حقيقية للمشاركة الجادة في برامج التدريب، وربط الترقيات ببرامج تدريب مستمرة وليس ببرنامج وحيد فقط.

• تشجيع عقد لقاءات سنوية بين نخبة منتقاة من أعضاء هيئة التدريس بالجامعات والمعلمين لمناقشة مشكلات المعلمين المهنية وتصميم برامج التدريب الملائمة.

• الاهتمام بالتدريب على استخدام التكنولوجيا في التدريس مثل: (استخدام الكمبيوتر - الكاميرات الرقمية - الإنترنت - البريد الإلكتروني - الآلات الحاسبة المصورة - برامج الكمبيوتر الرسومية، واستخدام منتديات).

• المناقشة على الإنترنت بما يدعم برامج التنمية المهنية لمعلمي الرياضيات بصورة تحقق مجتمع التعلم.

• تنظيم أوقات برامج التدريب بحيث تتم في يوم أو يومين في الأسبوع لمدة شهر أو شهرين أو أكثر حسب مدة البرنامج التدريبي، بما يحقق تطبيق ما يتعلموه داخل الفصول والحصول على تغذية راجعة ، وكذلك عدم تعطيل الدراسة في الصفوف لمدة طويلة. (حسين، 2005: 5-7)

9- دراسة فتاح ، 2005

أجريت الدراسة في العراق وهدفت إلى تقويم تدريس مادة الإنترنت لطلبة الدراسات العليا في ضوء بعض المتغيرات، وذلك من خلال الإجابة على الأسئلة الآتية:

أ-   ما مستوى تقويم تدريس مادة الانترنت من وجهة نظر طلبة الدراسات العليا (الماجستير) لمجالاتها الثلاثة (التدريس ، الوجداني ، المهاري) تبعاً لمتغير الجنس ؟

ب-   ما مستوى تقويم تدريس مادة الانترنت من وجهة نظر طلبة الدراسات العليا (الماجستير) لمجالاتها الثلاثة (التدريس ، الوجداني ، المهاري) تبعاً لمتغير التخصص؟

ج-   هل هناك فرق ذي دلالة إحصائية بين متوسطات التقويم لطلبة الدراسات العليا (الماجستير) ككل، بالنسبة للمجالات (التدريس ، الوجداني ، المهاري) والوسط الفرضي لكل منهم؟

د-   هل هناك فرق ذي دلالة إحصائية بين متوسط تقويم طلبة الدراسات العليا (الماجستير) لمجال التدريس تبعاً لمتغير الجنس والتخصص ؟

هـ -   هل هناك فرق ذي دلالة إحصائية بين متوسط تقويم طلبة الدراسات العليا (الماجستير) للمجال الوجداني تبعاً لمتغير الجنس والتخصص ؟

و-   هل هناك فرق ذي دلالة إحصائية بين متوسط تقويم طلبة الدراسات العليا (الماجستير) للمجال المهاري تبعاً لمتغير الجنس والتخصص ؟

وبلغ عدد أفراد العينة (119) طالباً وطالبة منهم (73) طالباً و(28) طالبة من طلبة الدراسات العليا في مرحلة الماجستير في جامعة الموصل ضمن الكليات العلمية والإنسانية.

وقد استخدم الباحث الاستبيان كأداة للبحث وقام بإعداد ثلاثة استبيانات وهي (استبيان لمجال التدريس، واستبيان لمجال المهاري، استبيان للمجال الوجداني).

واستخدام الوسائل الإحصائية (معادلة كوبر ، معامل ارتباط بيرسون، الاختبار

التائي، وتحليل التباين ، واختبار شيفيه) وتوصل الباحث إلى عدد من النتائج كانت أبرزها:

- إن مستوى تقويم طلبة الدراسات العليا للمجال التدريس في مادة الانترنت كان جيداً إذ بلغ (71.913%) وهو اكبر من المحك الفرضي (0.67) .

- مستوى تقويم طلبة الدراسات العليا لمجال الوجداني في مادة الانترنت كان جيداً إذ بلغ (74.315%) وهو اكبر من المحك الفرضي (0.67) .

- لم يحقق مستوى التقويم لطلبة الدراسات العليا للمجال المهاري في مادة الانترنت إذ بلغ (47.770%) ولم يرقى للمستوى المطلوب في تأدية بعض المهارات .

وفي ضوء نتائج البحث قدم الباحث عدد من التوصيات أهمها :

- زيادة عدد ساعات تدريس مادة الانترنت للجانب النظري والعملي لطلبة الدراسات العليا في جامعة الموصل .

- زيادة عدد قاعات الانترنت داخل جامعة الموصل نسبة إلى عدد طلبة الدراسات العليا المقبولين في كل سنة دراسية لمواكبة التطور العلمي والتكنولوجي.

- ضرورة تأكيد تدريسي مادة الانترنت على المهارات العملية الأساسية والضرورية أكثر من الجانب النظري وذلك بالتعاون ما بين مركز طرائق التدريس والتدريب الجامعي وأقسام الحاسبات في الكليات العلمية.

كما قدم الباحث عدد من المقترحات لبحوث مستقبلية أهمها :

- واقع استخدام الانترنت من قبل أعضاء هيئة التدريس في جامعة الموصل.

- اتجاهات تدريسي جامعة الموصل نحو استخدام الانترنت.

(فتاح، 2005: 1-2).

10- دراسة Tuparova,and other,2006

أجريت الدراسة في بلغاريا وهدفت لدراسة واقع التفكير باستخدام الحاسوب من قبل أساتذة الجامعة ،واتجاههم نحو استخدامه ، وتألفت عينة الدراسة من (210) تدريسي من مختلف الجامعات البلغارية ولمختلف التخصصات منهم (119) تدريسي المحاضرين تدريس العلوم الطبيعية والرياضيات والمعلوماتية العلوم التقنية و91 تدريسي من العلوم الإنسانية.

واستخدمت الدراسة استبيان مكون من ثلاث مجالات رئيسية تحتوي على (14) سؤل وكانت المجالات حول:

- أنواع التكنولوجيا الالكترونية المستخدمة في عملية التدريس .
- أسباب تفضيل أو عدم تفضيل لاستخدام مواد التعلم الإلكتروني .
- الارتباط بين هذه الأفضليات ومحاضرات الكفاءة والخبرة وكذلك مع مهارات الكمبيوتر والإنترنت.

ومعلومات عامة تضمنت: التخصص، المستوى التعليمي، الموضوع، والخبرة في مجال التدريس الأسبوعية واستخدام مواد التعلم الالكتروني المتمثلة الكمبيوتر وشبكة الإنترنت.

مزايا وعيوب لتطبيق المحاضرين الخاصة المتقدمة محتوى التعلم الإلكتروني وأسباب تفضيل أو عدم تفضيل لاستخدام وتطوير التعلم الإلكتروني من خلال الدورات التدريبية التطويرية.

وكان من نتائج الدراسة:

1- أكثر من 97 ٪ من المجيبين استخدام الكمبيوتر لمعالجة النصوص والحصول على المعلومات وكان الاتجاه نحو استخدامه إيجابي .

2- (25 %) فقط من الأساتذة أشاروا بعدم استخدام ر أجهزة الكمبيوتر في عملهم.

3- و2 % لم ترد على كل فقرات الاستبيان.

4- 61% لا يستخدمون المحاضرات المعدة الكترونيا.

5- حوالي 8 % من الأساتذة يعد محاضرته إلكترونيا على أساس استخدام المواد التعليمية الحديثة (داتا شو) واغلبهم مما يدرسون الرياضيات.

ووجد الدراسة علاقة ارتباطيه بين مستخدمي الانترنيت وسنوات الخدمة أي كلما قلت سنوات الخدمة زاد استخدام التفكير باستخدام الحاسوب عندهم. -Tuparova, and other, 2006: 1755) (1759)

11- دراسة (أبو عرّاد، وفصيِّل 2006)

أجريت الدراسة في السعودية وهدفت إلى التعرُّف على:

• الواقع الفعلي لاستخدامات الحاسوب في كليات المعلمين في المملكة من قبل أعضاء هيئة التدريس.

• اتجاهات أعضاء هيئة التدريس في كليات المعلمين في المملكة نحو استخدام الحاسوب.

• معوقات استخدام الحاسوب في كليات المعلمين في المملكة من وجهة نظر أعضاء هيئة التدريس العاملين فيها.

تم إعداد استبانه اشتملت على ثلاثة محاور أساسية هي: واقع استخدام الحاسوب في كليات المعلمين، اتجاهات أعضاء هيئة التدريس نحو استخدام الحاسوب، ومعوقات استخدام الحاسوب من وجهة نظر أعضاء هيئة التدريس.

وبعد تحكيم الاستبانة تم تطبيقها على عينة تكونت من (116) عضواً من أعضاء هيئة التدريس تم اختيارهم من ثلاث كليات للمعلمين هي: أبها، مكة المكرمة، وعر عر.

وبعد تحليل البيانات باستخدام برنامج الزمرة الإحصائية للعلوم الاجتماعية SPSS؛ جاءت أهم نتائج البحث على النحو الآتي:

- معظم أفراد العينة من المتوسطين والمبتدئين من حيث الخبرة في الحاسوب.

- افتقار كليات المعلمين إلى وجود شبكات حاسوبية تربط أقسام الكلية ببعضها وتيسر لأعضاء هيئة التدريس الاتصال بالإنترنت.

- هناك اهتمام متوسط لدى أعضاء هيئة التدريس باستخدام الحاسوب لأهدافهم الشخصية المتعلقة بالإنترنت والبريد الإلكتروني.

- هناك اهتمامات مختلفة لدى أعضاء هيئة التدريس باستخدام الحاسوب في العملية التعليمية.

- للحاسوب استخدامات إيجابية لدى أعضاء هيئة التدريس تتعلق بالأغراض البحثية والأكاديمية.

- وجود اتجاهات إيجابية مرتفعة لدى أعضاء هيئة التدريس نحو استخدام الحاسوب بشكل عام.

- هناك بعض المعوقات التي تؤثر بدرجةٍ كبيرةٍ على استخدام الحاسوب في كليات المعلمين. بينما توجد بعض المعوقات التي تؤثر بدرجة متوسطة. وبعض المعوقات التي تؤثر بدرجة منخفضة. (أبو عرّاد، وفصيّل 2006: ص3-56).

12- دراسة مهنا،2007

أجريت الدراسة في الأردن وهدفت الدراسة إلى بناء أداة لتقويم منهج الرياضيات المحوسب للطلبة الفائقين في الصف الثامن في مدارس الملك عبد الله الثاني للتميز، وذلك للوقوف على نقاط القوة ومواطن الضعف فيها، والتعرف على آراء (الطلبة الفائقين، ومعلمي الرياضيات، ومشرفي الرياضيات) بمنهج الرياضيات المحوسب

على شبكة الانترنت، وإجراء تعديلات وتصويبات على منهج الرياضيات المحوسب الحالي بحيث يعزز نقاط القوة، ويغطي نقاط الضعف والنقص في التصميم، ويحاول تلبية المتطلبات التي يحتاجها الطلبة الفائقون في الأردن. وأسئلة البحث كانت:

ما مدى استيفاء منهج الرياضيات المحوسب على شبكة الانترنت لطلبة الصف الثامن في مدارس الفائقين بالأردن لمعايير التصميم التربوي ؟

ويتفرع عن هذا السؤال التساؤلات الفرعية التالية :

- ما مدى مطابقة منهج الرياضيات المحوسب على شبكة الإنترنت لطلبة الصف الثامن في مدارس الفائقين بالأردن لمعايير نموذج التقويم المقترح؟
- هل توجد فروقات بين تقديرات أفراد العينة على نموذج التقويم لفعالية منهج الرياضيات المحوسب على شبكة الإنترنت لطلبة الصف الثامن في مدارس الفائقين بالأردن تعزى لمتغير الصفة الوظيفية (طالب فائق، معلم رياضيات، مشرف تربوي رياضيات) ؟

تكونت العينة من (826) طالباً فائقاً ومعلماً ومشرفاً تربوياً لمنهج الرياضيات، منهم (305) طالباً وطالبةً من طلبة الصف الثامن الفائقين في مدارس الملك عبد اللـه الثاني للتميز، و(486) معلماً ومعلمة رياضيات، ممن خاضوا تجربة حوسبة منهج الرياضيات في المدارس الاستكشافية Discovery Schools في مديريات عمان الأولى والثانية.

إعداد قائمة بمعايير تقويم منهج الرياضيات المحوسب على شبكة الإنترنت للفائقين من طلاب الصف الثامن في مدارس الملك عبد اللـه الثاني للتميز، حيث تم استخلاصها، ومن ثم صياغتها في شكل قائمة معايير مبدئية ثم تحكيمها، ومناقشة نتائج التحكيم حتى وصلت القائمة إلى شكلها النهائي، وتوسلت الدراسة إلى النتائج الآتية:

توجد فروقات دالة إحصائياً عند مستوى الدلالة الإحصائية ($\propto = 0.05$) عند

جميع مجالات البحث والأداة الكلية تعزى لمتغير الصفة الوظيفية ماعدا مجالي "الوسائط المتعددة" و"التقويم" ولعل ذلك يعود إلى عدم إضافة الرسوم المتحركة في التعزيز الصحيح والخطأ، وعدم توافر الخلفية الموسيقية، والمؤثرات الصوتية، والتعليق الصوتي، أما بالنسبة للتقويم فهو لا يشمل مهارات التفكير العليا، وحل المشكلات، وكذلك عدم احتواء الموقع التعليمي اختبارات قبلية (Pre-Tests)، واختبارات بعدية (Post-Tests)، ولا يوفر الموقع سجلاً لتقدم المتعلم.

يعتقد أن المشرف التربوي على دراية وخبرة بالأهداف التربوية، حيث يتعلق اختصاصه بالناحية التربوية والفلسفة التعليمية، وكذلك وجود المعلم في خضم عملية التدريس، وداخل ميدان العملية التعليمية وتفاعله مع الطلاب يجعل من قيم المتوسطات الحسابية متدنية لتقديرات أفراد عينة معلمي الرياضيات على كافة المجالات: مجال "الأهداف" و "المحتوى" و "العدد والعمليات" و "الجبر (المتغيرات والمعادلات)" و "الهندسة" و "القياس" و "تصميم صفحات الموقع" و "الألوان" و"النص" و "الوسائط المتعددة" و "التقويم" و "الأداة الكلية".

أما بالنسبة للمشرف التربوي لمنهج الرياضيات فقد ارتفعت قيم المتوسطات النسبية نظراً لبعده عن العملية التعليمية من حيث تفاعله مع الطلاب، وعدم وجوده في ميدان عملية التدريس وذلك في مجال الأهداف، والجبر (المتغيرات والمعادلات) وتصميم صفحات الموقع، والألوان والنص والوسائط المتعددة والتقويم والأداة الكلية.

أما بالنسبة لقيم المتوسطات النسبية لتقديرات أفراد عينة الطلاب الفائقين على مجالات البحث والأداة الكلية فقد جاءت مرتفعة في مجالات "بنود عامة" و"العدد والعمليات" و"الجبر (المتغيرات والمعادلات)" و"الهندسة" و"القياس"، وذلك بسبب اهتمام مصممي الموقع بطرح الأمثلة المحلولة والأنشطة التي توضح المفاهيم الرياضية، وكذلك تدريبات خاصة بفئة الفائقين أحياناً، وكذلك شمولية المحتوى لمواقف حياتية، ومشكلات توضح المفاهيم والمعادلات والاقترانات والمتباينات، وكذلك ارتباط المحتوى

بخبرات الفائقين الحياتية، وكذلك احتواء الموقع التعليمي على تقديم الأعداد والعمليات وطرق تمثيلها، وكذلك مواقف رياضية باستخدام التعابير الجبرية والمعادلات وكذلك توظيف الأنماط في حل المشكلات.

ولتحديد مستويات الدلالة الإحصائية لتلك الفروق، تم استخدام اختبار شيفيه، وكان من نتائج البحث:

أن هناك فروقات ذات دلالة إحصائية عند مستوى الدلالة الإحصائية ($\propto = 0.05$) عند جميع مجالات المقارنة والأداة الكلية بين متوسطات تقديرات الصفة الوظيفية (معلم رياضيات) من جهة، ومتوسط تقديرات الصفة الوظيفية (طالب فائق، ومشرف تربوي رياضيات) من جهة ثانية، وذلك لصالح تقديرات الصفة الوظيفية (طالب فائق، ومشرف تربوي رياضيات)، ويمكن أن يعزى سبب ذلك إلى وجود معلم الرياضيات في ميدان التدريس وفي العملية التعليمية، أما المشرف التربوي لمنهج الرياضيات فهو غير موجود أثناء العملية التعليمية التفاعلية مع الطلاب الفائقين. أما بالنسبة للطلاب الفائقين فيمكن أن يعزى السبب إلى انبهارهم بالمستحدثات التكنولوجية المدعمة بالوسائط المتعددة مثل الصور والرسوم المتحركة ولقطات الفيديو واللون والحركة(مهنا،2007: 16-42).

13- دراسة BinTaleb, 2007

أجريت الدراسة في أمريكيا بجامعة تكساس وهدفت إلى استطلاع آراء أعضاء هيئة التدريس ومعلمي ما قبل الخدمة في تأثير مبادرة الحاسب المحمول على الممارسات التدريسية والبيئة التعليمية وذلك بعد تطبيق المبادرة لمدة عامين , ولتحقيق هذا الهدف الرئيس , حددت أسئلة الدراسة كما يلي :

- ما آراء أعضاء هيئة التدريس في تأثير مبادرة الحاسب المحمول على الممارسات التدريسية والبيئة التعليمية ؟

- ما آراء معلمي ما قبل الخدمة في تأثير مبادرة الحاسب المحمول على الممارسات التدريسية والبيئة التعليمية ؟

- ما أوجه الشبه والاختلاف بين آراء أعضاء هيئة التدريس ومعلمي ما قبل الخدمة في تأثير مبادرة الحاسب المحمول على الممارسات التدريسية والبيئة التعليمية ؟

وقد استخدم الباحث الاستبانة الالكترونية أداة لجمع بيانات الدراسة , كما تم تصميم محاور الاستبانة الرئيسة بناء على ما حدده تشيكرن وجامسون (1987م) من أسس سبعة للتدريس الفاعل في المرحلة الجامعية، وبالإضافة إلى الأسئلة الموضوعية المتعلقة بالمحاور السبعة فإن أداة الدراسة ضمت أيضاً عدداً من الأسئلة المقالية وذلك للحصول على فهم أفضل لآراء أعضاء هيئة التدريس ومعلمي ما قبل الخدمة، وتم تطبيق أداة الدراسة على عينة صغيرة وذلك لتجربة الدراسة وقياس صدق الأداة وثباتها , وبعد ذلك تم تطبيق الدراسة على عينة البحث.

وقد قام الباحث بنشر أداة الدراسة إلكترونياً على الانترنت وتمت دعوة أعضاء هيئة التدريس والمعلمين للمشاركة بواسطة البريد الإلكتروني , وقد شارك في هذه الدراسة 46% من أعضاء هيئة التدريس (عددهم 48) و38% من الطلاب الملتحقين ببرنامج إعداد المعلمين (عددهم 361) , ولمعالجة البيانات الكمية إحصائياً استخدمت الدراسة التكرار والمتوسط الحسابي والانحراف المعياري واختبار ت t-test واختبار تحليل التباين ANOVA , كما تم تحديد الأفكار والآراء الرئيسة المتضمنة في إجابات الأسئلة المقالية وتم تحليلها ومقارنتها بين مجموعتي الدراسة.

وقد توصلت الدراسة إلى نتائج عديدة منها وجود آراء إيجابية لدى أعضاء هيئة التدريس فيما يتعلق بتأثير المبادرة على الممارسات التدريسية والبيئة التعليمية , أما بالنسبة لمعلمي ما قبل الخدمة فآراؤهم تقترب من أن تكون محايدة , وقد وجدت فروق ذات دلالة إحصائية عند مستوى 0.05 بين المجموعتين في واحد من الأسس السبعة . كما

أظهر تحليل النتائج وجود فروق (ذات دلالة إحصائية عند مستوى 0.05 في ثلاثة من الأسس السبعة) بين معلمي ما قبل الخدمة وذلك بحسب مستوى خبرتهم في البرنامج (مدته ثلاثة فصول دراسية) بمعنى أنه كلما تقدم المعلم في البرنامج مال رأيه نحو الإيجابية فيما يتعلق بتأثير المبادرة على ممارسات التدريس وبيئة التعلم. لقد أظهر المعلمون الذين يدرسون في المستوى الثالث آراءً أكثر ايجابية من نظرائهم في المستوى الثاني، وهؤلاء أيضاً كانت آراؤهم أكثر ايجابية من نظرائهم في المستوى الأول، وبالنسبة لأعضاء هيئة التدريس فلم تكشف الدراسة عن وجود فروق ذات دلالة إحصائية بينهم فيما يتعلق بمستوى الخبرة.

وبالإضافة إلى ذلك، فقد كشفت الدراسة عن نتائج أخرى منها التأكيد على وجود جوانب إيجابية ساهمت مبادرة الحاسب المحمول في توفيرها كتسهيل التواصل بين أعضاء هيئة التدريس ومعلمي ما قبل الخدمة، وبين المعلمين بعضهم البعض، وأيضاً تنظيم عمل أعضاء هيئة التدريس والمعلمين، وتسهيل عملية تقديم العروض وتدوين التعليقات، وتطوير قدرات الطلاب (المعلمين) في أداء الأنشطة الفصلية والواجبات المنزلية، وكذلك تسهيل عملية الوصول إلى المصادر العلمية المختلفة وتسهيل إجراء البحوث عن طريق الانترنت، وفي المقابل كشفت الدراسة عن جوانب سلبية تستحق التوقف عندها منها استخدام الحاسب المحمول أثناء المحاضرات من بعض معلمي ما قبل الخدمة وذلك لأغراض ليس لها علاقة بالدرس كتصفح الانترنت أو البريد الالكتروني مما يشتت انتباههم ولا يخدم أهداف المبادرة، ومنها أيضاً عدم استخدام الحاسب المحمول في التدريس استخداما فاعلاً من بعض أعضاء هيئة التدريس، وأيضاً الحاجة للمزيد من خدمات الدعم الفني والدورات التدريبية والتطويرية لمستخدمي الحاسب المحمول من أعضاء هيئة التدريس ومعلمي ما قبل الخدمة، والحاجة أيضاً لدراسة التكاليف المالية لاقتناء جهاز حاسب محمول ومدى قدرة معلمي ما قبل الخدمة على تحملها. وقد ختمت الدراسة بعدد من التوصيات والمقترحات والتي من

المؤمل أن تسهم في تطوير المبادرة حتى يتم تحقيق الأهداف المرجوة من تطبيقها. :BinTaleb, 2007)
(1973-1975

14- دراسة بلغيث 2008

أجريت الدراسة في الجزائر وهدفت لدراسة واقع استخدام شبكة الإنترنت في التعليم والبحث العلمي في الوسط الجامعي، وما مدى استفادة الأستاذ الجامعي من معلومات الشبكة واستثمارها في عمله البحثي والإبداعي؟ من خلال الاستفادة من آراء وأفكار عينة من الأساتذة الباحثين حول هذا الموضوع الحساس والحيوي والخطير في الآن ذاته.

عينة الدراسة شملت (30) أستاذا من مجموع الأساتذة البالغ عددهم (300) أستاذا، (207) ذكور، و (93) إناث. واعد الباحث استبانة فيها معلومات عامة تخص استخدام الانترنيت.

لقد بينت هذه الدراسة أن أغلبية المبحوثين كان هاجسهم الأكبر من وراء التعامل مع الإنترنت هو البحث عن المعلومات التي تثري رصيدهم العلمي وتجعلهم يُواكبون مُختلف التطورات العلمية في مجالات تخصصهم، كما أنها تعتبر قناة مهمة للانفتاح على العالم والاحتكاك بالثقافات الأخرى من خلال التواصل مع الآخرين وإقامة علاقات اجتماعية وعلمية على نطاق واسع،وكذا رافدا مهما في إغناء ثقافتهم وتنمية معلوماتهم العامة بما يجعلهم أقدر وأقوى على التعامل والتعايش الإيجابي مع متغيرات عصر المعلومات.

وعن الآثار الناجمة عن الاستعمال غير الرشيد للإنترنت ذهب أغلب المبحوثين إلى إلقاء المسؤولية على المستعمل ومن يحيط به بغض النظر عن المحتويات التي تعرضها الشبكة، مؤكدين على أهمية ترقية الوعي لدى مستعملي الشبكة حتى يحسنوا توظيف معلوماتها بما يعود بالفائدة والنفع عليهم وعلى دراستهم وعلى مجتمعهم بصفة عامة. ومن تحسين مرد ودية استعمال الإنترنت فإن المبحوثين يقترحون ضرورة توفيرها

بشكل مستمر، كي تكون في متناول الأستاذ متى أراد ذلك، وتوسيعها لتشمل كل المعاهد والجامعات وبذلك تكون جسر تواصل بين الباحثين داخل الوطن وخارجه، وزيادة سرعة الاتصال (connection)، وتحسين نوعية الاستقبال ومحاولة تفادي الانقطاعات المفاجئة في الاتصال التي تُزعج وتُعطل نشاط الأساتذة البحثي. والاشتراك في المجلات العلمية المشهورة (Library on line) قصد تقريب المعلومة من الباحث وجعلها في متناوله، ويقترح البعض ضرورة تنظيم دورات تدريبية بغرض تطوير مهارات عضو هيئة التدريس الجامعي في مجالات استخدام الحاسوب والإنترنت، والحث على ضرورة استثمار الانترنت في العملية التعليمية الجامعية، والاستفادة من خدماتها في حقل البحث العلمي الجامعي. كما يوصون بتقديم مساعدات للطلبة تشجعهم على التعامل مع الإنترنت من خلال حصص خاصة قصد اكتساب مهارات في البحث على المعلومات على الشبكة، وتكليفهم بإجراء بحوث في هذا الشأن حتى تتحقق الفائدة المرجوة. (بلغيث، 2008: 27)

15- دراسة Thomas, 2008

أجريت الدراسة في أمريكيا وهدم للتعرف على اتجاه طلبة معهد التدريب على أساليب تعليم الرياضيات في الدورات الصيفية وهي: أساليب استخدام التكنولوجيا في التعليم والمتمثلة في الحاسوب والانترنيت لمجموعة، وأسلوب الاكتشاف، وأسلوب الألعاب، وعرض الشرائح والشفافيات ، وكذلك التعرف على نوع العلاقة بين الاتجاه وأسلوب التعليم.

بلغت عينة البحث (102) متدرب ومتدربة من الأعمار من21- 35 سنة واستخدم استبانه لغرض جمع المعلومات في نهاية الدورة واستخدم تحليل التباين (أنوفا) وكان من بين نتائج البحث وجود فروق ذات دلالة إحصائية بين الأساليب الأربعة ولصالح استخدام تكنولوجيا الحديثة.

وإشارة الدراسة أن التفكير باستخدام الحاسوب جذب العديد من المتدربين للمناقشة والمشاركة فيما بينهم أكثر من الأساليب الأخرى.

وأوصت الدراسة بتبني أسلوب التفكير باستخدام الحاسوب مع الدورات القادمة. Thomas, (2008: 1-13)

مؤشرات ودلالات من الدراسات السابقة :

الجدول التالي يبين اسم الدراسة وعدد أفراد العينة ونوعها والمرحلة الدراسية ونوع الأداة المستخدمة.

جدول يبين مؤشرات الدراسات السابقة

اسم الدراسة والسنة والمكان	الجنس والنوع	العدد الكلي	الأداة
1- النجار (2001) السعودية	أعضاء هيئة التدريس	345	الاستبيان
2- العمري (2002) الأردن	أعضاء هيئة التدريس وطلبة	124 مدرس 336 طالب جامعي	الاستبيان
3- Hovermill, 2003 امركيا	معلم المرحلة الابتدائية للرياضيات	3	الاستبيان والملاحظة
4- Hong et al, 2003 ماليزيا	طلبة مرحلة الثانية من التعليم الجامعي	88	الاستبيان
5- (Carboni,2003) أمريكيا	معلم المرحلة الابتدائية للرياضيات	14	الاستبيان والمقابلة
6- (الجرف 2004) السعودية	أعضاء هيئة التدريس	152	الاستبيان
7- Aytekin 2004 تركيا	طلبة الدراسات العليا	99	الاستبيان
8- دراسة حسين 2005 مصر	معلم المرحلة الابتدائية للرياضيات	20	الاستبيان والملاحظة
9- فتاح،2005 العراق	طلبة الدراسات العليا	31	الاستبيان

Tuparova, andother, 2006 -10 بالغاريا	أعضاء هيئة التدريس	210	الاستبيان
11- أبو عرّاد،و فصيّل 2006 السعودية	أعضاء هيئة التدريس	116	الاستبيان
12- (دراسة مهنا،2007) الأردن	طلبة ومدرسيهم ومشرفيهم من للمرحلة التعليم العام	826	الاستبيان
13- BinTaleb, 2007 أمريكيا	أعضاء هيئة التدريس وطلبة إعداد معلمين	48 تدريسي 361 طالب	الاستبيان
14- بلغيث 2008 الجزائر	أعضاء هيئة التدريس	30	الاستبيان
15- Thomas ,2008 أمركيا	متدربين لتدريس الرياضيات	102	الاستبيان

بعد استعراض الباحث الدراسات السابقة وارتأى عرضها على النحو الآتي:

1- الهدف :

استهدفت الدراسات حول واقع استخدام التفكير باستخدام الحاسوب واتجاهات نحوه وقسم منها استخدامه أو معوقات استخدامه.

أما البحث الحالي فيستهدف الواقع والمعوقات والاتجاه نحو توظيف التفكير باستخدام الحاسوب في الرياضيات.

2- العينة :

تباينت عينة الدراسات السابقة تبعا لأهداف كل دراسة وطبيعة عينتها وأسلوب إجرائها ومنهجيتها (الوصفية) من حيث جنسها ونوعها وعددها والمرحلة الدراسية لها،

حيث من كانت العينة صغيرة مثل دراسة (Hovermill, 2003) حيث بلغت 3 معلمين وكدراسة (Carboni, 2003) بلغت (14) معلم ومنها الكبيرة كدراسة (دراسة مهنا، 2007) بلغت (826) وبعضها وسط تراوحت ما بين 100 – 300 والدراسة الحالية من ضمن حدود الوسط إذ بلغت العينة (240) مدرس ومدرسة.

3- المرحلة:

يتضح من الجدول (13) تنوع أفراد عينة الدراسات السابقة تبعا لمتغير الجنس إذا كانت تضم كلا الجنسين، وقسم جنس واحد، أما من حيث المرحلة الدراسية فقد تباينت من المرحلة الابتدائية إلى المرحلة الجامعية وكانت اغلب الدراسات نضم عيناتها من المرحلة الجامعية، أما البحث الحالي اتخذ عينة من مدرسي التعليم الثانوي.

الأداة :

كل الدراسات استخدمت الاستبيان وقسم منه أضافت المقابلة والملاحظة المباشرة وتفق الدراسة الحالية معهم بالاستبيان.

مدى الإفادة من الدراسات السابقة :

إذ استفاد الباحث من تلك الدراسات في الجوانب الآتية :

1- اختيار عنوان الدراسة وصياغة أهدافها .
2- اختيار العينة والمتغيرات المستقلة والتابعة
3- الاستفادة من منهجية الدراسات السابقة في تطبيق البحث الحالي .
4- الاستفادة من أدوات الدراسات السابقة في بناء أدوات البحث الحالي أو اعتمادها .
5- مناقشة نتائج البحث الحالية مع نتائج الدراسات السابقة .
6- المصادر التي استخدمت بها، حيث راجع الباحث الكثير من المصادر التي اعتمدت عليها الدراسات.

الفصل الرابع

منهج البحث وإجراءاته

إجراءات البحث:

في هذا الفصل يعر ض الباحث لأهم الإجراءات والوسائل التي اتبعها في دراسته بدءاً من المنهج المتبع، ومرورًا بمجتمع الدراسة وعينتها، ومن ثم الأداة التي قام الباحث بتصميمها لتطبيقها على عينة الدراسة بهدف جمع استجاباتهم والتي تمكنه من الإجابة عن أسئلة الدراسة، وفي نهاية هذا الفصل يعرض الباحث أهم طرق المعالجة الإحصائية المستخدمة بهدف الوصول إلى نتائج تخص الدراسة، ومن ثم تحليلها وصياغة التوصيات على ضوئها.

أولاً: منهج الدراسة:

اختار الباحث لدراسته الحالية المنهج الوصفي كونه الأنسب لمثل هذا النوع من الدراسات والذي يقوم على وصف ورصد الظواهر بهدف الوصول إلى تفسير علمي مقبول لها، وذلك عن طريق استخدام الأساليب التّحليلية والإحصائية المتبعة في مثل تلك العلوم أو الدراسات.

وبما أن موضوع دراسة الباحث يختصُّ بواقع استخدام التفكير باستخدام الحاسوب في مجالات تدريس الرياضيات يتضح اهتمامها بدراسة حاضر ماثل وواقع لا يزال قائمًا وقت إجراء هذه الدراسة وهو مما يختص به المنهج الوصفي - عادة - دون غيره من المناهج البحثية الأخرى بوصفه يهتم بدراسة الأشياء الحاضرة وهو ما يعرف علميًا بمنهج الأشياء الحاضرة كأحد أفرع المنهج الوصفي كما أن الباحث يهدف من خلال

دراسته الحالية إلى تشخيص الواقع الحالي بهدف التعرف عليه ووصفه حتى يسهل التخطيط له والتعامل معه ومعالجة سلبياته وتسخير إيجابياته بشكل يجعل من الدراسة الحالية إثراء حقيقي لموضوعها ، وذات جدوى تعود على مجتمعها بالنفع والإيجاب.

ثانياً: مجتمع البحث :

يعرف المجتمع بأنه جميع مفردات الظاهرة تحت الدراسة أو البحث (داود وعبد الرحمن، 1990 :66) ، تحدد مجتمع البحث الحالي بمدرسي ومدرسات الرياضيات للعام الدراسي 2007 – 2008 في محافظة الأنبار، إذ بلغ عددهم (598) مدرس ومدرسة بواقع (429) مدرس بنسبة (72%)، (169) مدرسة بنسبة (28%). موزعين على (346) مدرسة. والجدول (1) يوضح ذلك[*].

عدد مدرسي ومدرسات الرياضيات			عدد المدارس				درجة المدرسة
المجموع	إناث	ذكور	المجموع	مختلط	بنات	بنين	
239	59	180	129	35	22	72	متوسطة
69	9	60	32	3	3	26	إعدادية
290	101	189	185	41	68	76	ثانوي
598	169	429	346	79	93	174	المجموع

جدول (1) أعداد مدرسي مجتمع البحث موزعين على المدارس

(*) تم الحصول على الأرقام من كراسة وحدة التخطيط والإحصاء / مديرية تربية الأنبار للعام 2007-2008.

ثانيا: عينة البحث:

تعرف العينة بأنها جزء من المجتمع التي يجري اختيارها وفق قواعد وطرق علمية تمثل المجتمع تمثيلاً صحيحاً (المغربي، 2002 :139)اعتمد الباحث أخذ نسبة (40%) من مجتمع البحث باستخدام الأسلوب الطبقي العشوائي في اختيار عينات البحث،فقد اختيرت عشوائيا نسبة (40%) من مدارس مجتمع البحث واعتمدت نسبة (40%) من أعداد مدرسي ومدرسات الرياضيات من مجتمع البحث وسرت نسبة (40%) على كل مكونات مجتمع البحث، بحيث بلغت عينة البحث (240) مدرس ومدرسة رياضيات بواقع(172) مدرس و(68) مدرسة موزعين على (139) مدرسة والجدول (2) يوضح أعداد عينة البحث ذلك.

درجة المدرسة	أعداد مدارس عينة البحث				عدد مدرسي ومدرسات الرياضيات لعينة البحث		
	بنين	بنات	مختلط	المجموع	ذكور	إناث	المجموع
متوسطة	29	9	14	52	72	24	96
إعدادية	11	1	1	13	24	4	28
ثانوي	30	27	17	74	76	40	116
المجموع	70	37	32	139	172	68	240

جدول (2) أعداد مدرسي عينة البحث موزعين على مدارس مجتمع البحث

ثالثا: أداة البحث:

اختار الباحث لدراسته الحالية الاستبانة كإحدى الأدوات البحثية بهدف التعرف على الاستجابات وقياس الاتجاهات لدى المجتمع الأصلي حول مشكلة البحث وأسئلته ويعود سبب اختيار الباحث لهذه الأداة دون غيرها من الأدوات البحثية الأخرى للأسباب الآتية:

- **مناسبتها لطبيعة البحث وموضوعه:** حيث إن الدراسة الحالية تهدُف إلى التعرف على واقع استخدام التفكير باستخدام الحاسوب في مجالات تدريس الرياضيات لذا فقد صاغ الباحث لموضوعه مجموعة من العبارات سعى من خلالها للوصول إلى إجابات لأسئلة الدراسة عن طريق رصده لاستجابات وأراء عينة الدراسة عبر هذه الاستبانة.

- **ملاءمتها لمجتمع الدراسة:** حيث إن المجتمع الأصلي للدراسة يتميز بتقبله لهذا النوع من الأدوات وبقدرته على التعامل معها بشكل أكثر جدية نظرًا لكونه قد اعتاد على مثلها مما تفرضه طبيعة العمل في كثير من الأحيان، أو قد أجرى مثلها داخل محيطه.

- **ملاءمتها الزمنية والمكانية لكل من الباحث ومجتمع الدراسة وطبيعة البحث:** وذلك بحسب الوقت المتاح للباحث من قبل أفراد المجتمع الأصلي المراد دراسته حيث يمكن الإجابة عن فقراتها في وقت أقل عن غيرها من الأدوات والتي قد تأخذ بدورها وقتًا أكثر من مثل الملاحظة أو تستهلك وقتًا أطول كاستخدام أداة المقابلة مثلا.

والاستبيان عبارة عن استمارة تحوي مجموعة من الفقرات وتحتاج الإجابة عنها، ويقوم بإعدادها الباحث والاستعانة بالخبراء (الطعاني، 2002 : 149)، ويعرف أيضاً :بأنه أداة لجمع البيانات المتعلقة بموضوع بحث محدد عن طريق استمارة تجري تعبئتها من قبل المستجيب (غرايبة، 2003 : 7)، حيث أن الاستبيان من الأدوات التي يكثر استخدامها في البحوث الوصفية وفي الآتي وصفا لخطوات التي تجعلها جاهزة وصالحة لقياس متغيرات البحث.

1- الاطلاع على أدبيات الموضوع ودراسات مماثلة منها (دراسة علي، 2001)، (العمري، 2002)، (الجرف، 2006)، (دراسة قشقري وقشقري 2004).

2- توجيه استبيان استطلاعي لمجموعة من مدرسين ومدرسات الرياضيات عبارة عن

سؤال مفتوح (هل تستعين بالانترنيت والحاسوب لمساعدتك في تدريس الرياضيات علل إجابتك في كلا الحالتين).

3- ومن الفقرتين أعلاه تم بناء استبيان (بصورته الأولية) مكون من ثلاثة مجالات:

• الأول: يطلب من المفحوص الإجابة (بنعم) أو (لا) لـ (6) فقرات معلومات عامة، تلتها (15) فقرة تمثل صعوبة استخدام الحاسوب والانترنيت.

• الثاني (مجال التوظيف): مكون من (45) فقرة تمثل توظيف التفكير باستخدام الحاسوب عند تدريس الرياضيات.

• الثالث (مجال الاتجاه نحو التوظيف): مكون من (45) فقرة تمثل اتجاه مدرسي ومدرسات الرياضيات نحو توظيف التفكير باستخدام الحاسوب في تدريس الرياضيات.

وفي كل من المجال الثاني والثالث تلي كل فقرة أربعة بدائل تحدد درجة الموافقة على الفقرة هي: (عالية، متوسطة، ضعيفة، معدومة) ، يجاب عنها بوضع علامة (✓) أسفل أحد الاختيارات المذكورة.

4- صدق الأداة: يقصد بصدق الاستبيان هو أن يقيس الاستبيان فعلا القدرة أو السمة أو الاتجاه أو الاستعداد الذي وضع المقياس لقياسه (أبو حويج، 2002: 132) ويعد الصدق من الخصائص اللازمة لبناء الاختبارات والمقاييس النفسية والتربوية (محمد، 2004 : 399).

• الصدق المنطقي: وهو من أنواع الصدق الفردي في تصميم المقياس، حيث يقوم مصمم المقياس بتحديد السمة أو الظاهرة المراد قياسها تحديدا منطقيا ثم تحليل موضوع المقياس تحليلا شاملا يؤدي إلى تباين أقسامها وترتيبها حسب أهميتها (أبو حويج، 2002: 135)، وكون الباحث حدد في بحثه معنى توظيف التفكير باستخدام الحاسوب: وهو إمكانيات استخدام التقنية الحديثة (من الانترنيت أو

111

الحاسوب) في التعليم العام واستخدام التقنية كمساعد تعليمي في العملية التعليمية لتدريس الرياضيات سواء كانت نظرية أو عملية، وبعد تحليل الموضوع ثم وضع فقرات لقياسه، وبذلك يكون الباحث قد حقق الصدق المنطقي.

- **الصدق الظاهري:** يقوم هذا النوع من الصدق على فكرة مدى مناسبة الاستبيان لما يقيس ولمن يطبق عليهم ، أو هو: عينة محددة وكافية من محتوى محدد من حقل أو مجتمع معين، وهو وجه أو مؤشر من مؤشرات صدق المحتوى (الحارثي، 1992،ص226).

وغالباً ما يقرر ذلك بعرض الاستبيان على مجموعة من المحكمين من ذوي الاختصاص والخبرة للقيام بتحكيمها، وذلك بعد أن يطلع هؤلاء المحكمين على عنوان الدراسة، وتساؤلاتها، وأهدافها، فيبدي المحكمين آرائهم وملاحظاتهم حول الاستفتاء وفقراته من حيث مدى ملاءمة الفقرات لموضوع الدراسة، وصدقها في الكشف عن المعلومات المرغوبة للدراسة، وكذلك من حيث ترابط كل فقرة بالمحور المندرجة تحته، ومدى وضوح الفقرة وسلامة صياغتها،واقتراح طرق تحسينها بالإشارة بالحذف أو البقاء ، أو تعديل العبارات والنظر في تدرج المقياس ، ومدى ملاءمته وغير ذلك مما يراه مناسباً ، وبناء على آراء المحكمين وملاحظاتهم وتعديل صياغتها وفق ما يرونه يتوصل الباحث إلى الصدق في الاستفتاء،ويكون صالحاً للتطبيق بعد أخذ شكله النهائي(أبو حويج، 2002: 138). لذا عرض الباحث الاستبيان على عدد من المحكمين في مجال التربية وعلم النفس وتخصص الحاسبات والرياضيات والانترنت وعدد من المحكمين ذوي تخصص في القياس والتقويم . الملحق (   ) لغرض بيان رأيهم في مدى صلاحية فقرات الاستبيان ، حيث كانت مقترحات المحكمين ، هو استبعاد بعض من الفقرات وإضافة بعض من الفقرات وإعادة صياغة بعض من الفقرات .

- ثبت الباحث نسبة اتفاق (80%) فأكثر كمعيار لقبول الفقرة من عدمه، لذا استبعدت (10) فقرات، (5) من المجال الثاني، و (5) من المجال الثالث، أجريت التعديلات

على بعض من الفقرات وتحويل البعض الأخر من جانب إلى جانب أخر واستقر الاستبيان على (21) فقرة للمجال الأول، (40) فقرة لمجال الثاني، و(40) فقرة للمجال الثالث.

5- **الثبات:** يقصد بثبات الأداة مدى خلوها من الأخطاء غير المنظمة التي تشوب المقياس أي مدى قياس الاختبار للمقدار الحقيقي للسمة التي يهدف لقياسها، فدرجات القياس تكون ثابتة أذا كان المقياس يقيس سمة معينة قياسا متسقا في الظروف المتباينة، التي قد تؤدي إلى أخفاء القياس، فالثبات يعني الاتساق أو الدقة في القياس (علام، 2001: 131) ويقصد بثبات الاستبيان أن علامة الفرد لا تتغير جوهريا بتكرار أجراء الاختبار ويعبر عنها إحصائيا بأنها معامل ارتباط بين علامات الأفراد وبين طرق أجراء الاختبار المختلفة (الظاهر، 2002: 14). وهو ضمان الحصول على نفس النتائج تقريباً إذا أعيد تطبيق الاستبيان أكثر من مرة على نفس المجموعة من الأفراد تحت ظروف متماثلة ، أو مدى الاتساق في الإجابة على الإستبانة من قبل المستجيب إذا الإستبانة نفسها طبقت عدة مرات في نفس الظروف (عودة، 1993: 185). طبق الباحث الاستبيان على عينة من مجتمع البحث (بلغت 30 مدرس ومدرسة للرياضيات) من غير عينته الأصلية عند تواجدهم احد الدورات التدريبية التي تقيمها مديرية التدريب في مركز مدينة الرمادي لتبيان وضوح الفقرات ، وكانت كل الفقرات واضحة للعينة ،إذ لم تثار أي أسئلة حول إيضاح أي فقرة ، وبعد مضي أسبوعين ، أعاد الباحث تطبيق الاستبيان وإيجاد معامل الارتباط بين التطبيقين (بلغ 0.82) ويعد هذا المعامل هو معامل ثبات استقرار العينة وبذلك يكون الاستبيان جاهزا للتطبيق الملحق(1).

6- **طريقة إجابة وتصحيح أداة مجال التدريس:** أعطى الباحث لبدائل درجات الموافقة لكل فقرة من الفقرات للمجالين الأول والثاني على الشكل الأتي :

- البديل الأول: وهو(عالية) وتعطى له ُدرجة (3) .

- البديل الثاني: وهو(متوسطة) وتعطى لهُ درجة (2) .
- البديل الثالث: وهو(ضعيفة) وتعطى لهُ درجة (1) .
- البديل الرابع: وهو(معدومة)وتعطى لهُ درجة (صفر) .

وبهذا فقد بلغت حدود الدرجة لمقياس في كل من المجال الأول والثاني بين (صفر) كحد أدنى للدرجة و (120) كحد أعلى للدرجة، وبذلك يكون الوسط الفرضي لكل من المجال الثاني والثالث (60%)، حيث بلغ عدد فقرات كل من المجال الثاني والثالث من الاستبيان (40) فقرة ولغرض الإجابة عن سؤال هدف البحث (مدى توظيف التفكير باستخدام الحاسوب في تدريس الرياضيات من قبل مدرسي ومدرسات المادة واتجاههم نحو استخدامه) استخرج الباحث المتوسطات الحسابية والنسب المئوية لمجالات الاستبيان الثلاثة لأفراد عينة البحث .

7- الوسائل الإحصائية المستخدمة.

أ- الوسط المرجح (حدة الفقرة) حسب الخطوات الآتية :

- أعطاء أوزان للبدائل لدرجات الموافقة (عالية، متوسطة، ضعيفة، معدومة) على التوالي (3 ، 2 ، 1 ، 0) لإيجاد الوسط النظري وفق القانون.

$$\text{الوسط النظري} = \frac{\text{مجموع الأوزان}}{\text{عددها}} = \frac{0+1+2+3}{4} = 1.5$$

- ثم نستخرج الوسط المرجح لكل فقرة وفق القانون:

$$\text{الوسط المرجح} = \frac{و1 \times ك1 + و2 \times ك2 + و3 \times ك3 + و4 \times ك4}{\text{عدد أفراد العينة}}$$

حيث (و) وزن البديل ، و(ك) تكرار البديل.

- ولإيجاد الوزن المئوي للفقرة نطبق القانون:

$$\text{الوزن المئوي للظاهرة} = \frac{\text{الوسط المرجح}}{\text{أعلى وزن}} \times 100$$

(الكبيسي، 2008 : 232- 233)

وبذلك تكون أي فقرة وسطها المرجح يساوي 1.5 (والوزن المئوي لها 50%) فأكثر تعد متحققة حسب استجابة عينة البحث ، وإذ كان الوسط المرجح اقل من 1.5 (والوزن المئوي لها50%) تعد غير متحققة حسب استجابة عينة البحث.

ب - معامل ارتباط بيرسون (**Person Coefficient Correlation**)

استعمل الباحث في حساب معامل ثبات الاختبار التحصيلي بطريقة إعادة الاختبار وإيجاد معامل ثبات الاستقرار والذي يمثل معامل ثبات الاختبار.

$$\text{ر} = \frac{\text{ن مجـ س ص} - \text{مجـ س} \times \text{مجـ ص}}{\sqrt{[\text{ن مجـ س}^2 - (\text{مجـ س})^2][\text{ن مجـ ص}^2 - (\text{مجـ ص})^2]}}$$

إذ تمثل :

ر : معامل ارتباط بيرسون

ن : عدد أفراد العينة

س: قيم المتغير الأول

ص: قيم المتغير الثاني (الإمام، وآخرون، 1990م، ص155)

115

ج - مربع كاي (كا^2) Chi- Square- $\chi 2$

استخدم في التحقق من دلالة الفروق بين استجابات أفراد عينة البحث (المدرسين والمدرسات).

$$كا^2 = \frac{(ل - ق)^2}{ق}$$

إذ إن:

(ل) = التكرار الملاحظ

(ق) = التكرار المتوقع (البياتي، 1977، ص 293)

د - الاختبار التائي لتكافؤ المجموعتين واختبار الفروق

$$ت = \frac{\overline{س_1} - \overline{س_2}}{\sqrt{\frac{(ن_1-1) \times ع_1^2 + (ن_2-1) \times ع_2^2}{ن_1 + ن_2 - 2} \times \left(\frac{1}{ن_1} + \frac{1}{ن_2}\right)}}$$

حيث:

$\overline{س_1}$ المتوسط الحسابي للمجموعة الأولى	$\overline{س_2}$ المتوسط الحسابي للمجموعة الثانية
$ن_1$ عدد إفراد المجموعة الأولى	$ن_2$ عدد إفراد المجموعة الثانية
$ع_1^2$ تباين المجموعة الأولى	$ع_2^2$ تباين المجموعة الثانية

(عنبر،2003:ص237)

الفصل الخامس

عرض نتائج البحث وتفسيرها

أولا البيانات العامة

بعد حساب تكرارات الإجابة من قبل عينة البحث وحساب النسب المئوية لاستجابات النعم ولا يبين الجدول (3) نسبة استجابات نعم من قبل المدرسين والمدرسات وقيمة مربع كاي (Chi-Square-) للفروق.

الفقرة	نسبة استجابة النعم للمدرسين	نسبة استجابة النعم للمدرسات	الفرق	قيمة مربع كاي	دلالة الفروق
1- هل دخلت دورات أو برامج تدريبية في استخدام الحاسوب؟	%60	%50	%10	2	غير دال
2- هل دخلت دورات أو برامج تدريبية في استخدام الانترنيت؟	%4	%2	%2	0.68	غير دال
3- هل تستخدم الحاسوب لمساعدتك في تدريس الرياضيات؟	%20	%15	%5	0.84	غير دال
4- هل تستخدم الانترنيت لمساعدتك في تدريس الرياضيات؟	%10	%7	%3	0.56	غير دال
5- هل لديك بريد الالكتروني تتواصل فيه مع من تعرف؟	%52	%20	%32	22.22	دال

جدول(3) يبين نسب استجابات النعم لعينة البحث ودلالات الفروق حسب متغير الجنس للمعلومات العامة

يبين الجدول (3) والذي يخص المعلومات العامة النسب المنخفضة فيما يخص دورات كيفية
استخدام الانترنيت وتوظيف التفكير باستخدام الحاسوب بنوعيه (الحاسوب والانترنيت) في توظيفه
هند تدريس الرياضيات ولم تكن الفروق في الإجابات ذات دلالة إحصائية عند مستوى (0.05)
ودرجة حرية 1، حيث كانت القيم المحسوبة اقل من الجدولية والبالغة (3.84) بين المدرسين
والمدرسات أفراد عينة البحث ، باستثناء فقرة(هل لديك بريد الالكتروني تتواصل فيه مع من تعرف
؟) كون طبيعة الأنثى(المدرسة) تختلف عن طبيعة الذكر (المدرس) من حيث إمكانيته التصفح في
مواقع الانترنيت في المكاتب والأماكن المتواجدة فيه.

ثانيا المعوقات

بعد حساب تكرارات إجابة المدرسين والمدرسات على مجال المعوقات يوضح الجدول (4)
نسب الاستجابة والفروق بين إجابة المدرسين ومدرسات مرتبة حسب أعلى نسب والتي تزبد نسبة
الوسط الفرضي(50%).

دلالة الفروق	قيمة مربع كاي	الفرق	نسبة استجابة النعم للمدرسات	نسبة استجابة النعم للمدرسين	الفقرة	ت
غير دال	0.56	3%	93%	90%	لا اعرف كيف اعد مادة الرياضيات بمساعدة الانترنيت.	1-
غير دال	0.28	3%	79%	82%	صعوبة التعامل مع اللغة الانكليزية التي هي من متطلبات إتقان استخدام الانترنيت.	2-
غير دال	0.14	3%	83%	80%	لا اعرف كيف اعد مادة الرياضيات بمساعدة الحاسوب.	3-

دال	3.90	10%	90%	80%	لا يتوافر لي خط انترنيت في البيت.	4-
دال	18.56	24%	95%	71%	لا استخدم الانترنيت من مكان خارج البيت.	5-
غير دال	0.60	5%	75%	70%	لا املك حاسوب في البيت.	6-
غير دال	2.66	10%	80%	70%	لا يوجد لدينا اطلاع حول الموضوع.	7-
غير دال	0.20	2%	72%	70%	عدم وجود الوقت الكافي لدى المدرس لاستخدام الحاسوب في التدريس.	8-
دال	3.86	13%	80%	67%	لا اعرف استخدام الانترنيت.	9-
غير دال	2.04	10%	53%	63%	لا اعرف استخدام الحاسوب.	10-
غير دال	0.48	5%	65%	60%	لم يطلب منك احد ذلك.	11-
غير دال	0.24	2%	62%	60%	عدم قناعة بعض المسؤولين في المدرسة أو مديرية التربية بأهمية الحاسوب.	12-

جدول(4) يبين نسب استجابات النعم لعينة البحث ودلالات الفروق حسب متغير الجنس للمعوقات استخدام التعليم الالكتروني

يبين الجدول (4) استجابة أفراد عينة البحث حول المعوقات في استخدام التفكير باستخدام الحاسوب والتي كانت فيها نسب الاستجابة اكبر من الوسط الفرضي (50%)، وكذلك يبين الجدول (4) أنه لا توجد فروق ذات دلالة إحصائية عند مستوى (0.05) بين استجابة المدرسين والمدرسات حيث كانت القيم المحسوبة وعند درجة حرية ١، أقل من القيمة الجدولية والبالغة (3.84) بتطبيق اختبار مربع كاي ما عدا ثلاث فقرات كان الفرق بين استجابة المدرسين والمدرسات دال إحصائيا ولصالح مجموعة المدرسات والتي أيدنَّ فيها إنها من ضمن معوقات استخدام التفكير باستخدام الحاسوب والتي شكلت نسب أعلى من استجابة المدرسين إذ بلغت قيمة مربع كاي فيها أكبر من القيمة الجدولية والبالغة (3.84) عند مستوى حرية ١، والتي يوضحها الجدول(5) وأخذت الفقرات التسلسل الآتي:

دلالة الفروق عند0.05	قيمة مربع كاي	الفرق	نسبة نعم للمدرسات	نسبة نعم للمدرسين	الفقرة	ت
دال	3.90	10%	90%	80%	لا يتوافر لي خط انترنيت في البيت.	4-
دال	18.56	24%	95%	71%	لا استخدم الانترنيت من مكان خارج البيت.	5-
دال	3.86	13%	80%	67%	لا اعرف استخدام الانترنيت.	9-

جدول(5) يبين نسب استجابات النعم لعينة البحث والتي كانت الفروق ذات دلالة إحصائية وحسب متغير الجنس للمعوقات استخدام التعليم الالكتروني

ومن ملاحظة الجدول (5) أعلاه يتبين أن الفقرات تخص استخدام الانترنيت والتي سبق وان ذكرنا، إذ قد يعود إلى طبيعة المرأة في مجتمعنا وصعوبة تواجدها في

مكاتب الانترنيت، وليس وجود أماكن مخصصة للإناث مثل ما موجود في أماكن خاصة في الجامعة على سبيل المثال.

أما الفقرات التي لم تؤيد من قبل عينة البحث والتي كانت نسبة الإجابة اقل من الوسط الفرضي (50%) والتي يمكن عدها لا تمثل معوقات استخدام التفكير باستخدام الحاسوب في تدريس الرياضيات حسب استجابات عينة البحث يوضحها الجدول(6).

دلالة الفروق عند0.05	قيمة مربع كاي	الفرق	نسبة نعم للمدرسات	نسبة نعم للمدرسين	الفقرة	ت
دال	5.76	15%	30%	45%	لا يوجد موضوع في الرياضيات ممكن أن استفاد من الانترنيت والحاسوب في تدريسه.	13-
غير دال	0.96	6%	38%	32%	لا يتواجد حاسوب في المدرسة متاح ويمكن استخدامه.	14-
غير دال	2.18	10%	40%	30%	عدم توافر مثل هذه الوسائل في المدرسة.	15-

جدول(6) يبين نسب استجابات النعم لعينة البحث ودلالات الفروق حسب متغير الجنس والتي لا تمثل معوقات لاستخدام التعليم الالكتروني

أي يمكن القول بان المعوقات التي تحول دون توظيف التفكير باستخدام الحاسوب عند تدريس الرياضيات حسب استجابة عينة البحث هي كالآتي:

1- عدم معرفة إعداد مادة في الرياضيات بمساعدة الانترنيت.

-2 صعوبة التعامل مع اللغة الانكليزية التي هي من متطلبات إتقان استخدام الانترنيت.

-3 عدم معرفة إعداد مادة في الرياضيات بمساعدة الحاسوب.

-4 عدم توافر خط انترنيت في البيت.

-5 صعوبة استخدم الانترنيت في مكان خارج البيت.

-6 عدم امتلاك حاسوب في البيت.

-7 قلة الاطلاع والمعرفة حول توظيف التفكير باستخدام الحاسوب في مجال تدريس الرياضيات.

-8 عدم وجود الوقت الكافي لدى المدرس لاستخدام الحاسوب في التدريس.

-9 عدم المعرفة في استخدام الانترنيت.

-10 عدم المعرفة في استخدام الحاسوب.

-11 لم تطالب الجهات المعنية مثل الأشراف أو التدريب في توظيف التفكير باستخدام الحاسوب عند تدريس الرياضيات.

-12 عدم قناعة بعض المسؤولين في المدرسة أو مديرية التربية بأهمية الحاسوب وتوظيفه في تدريس الرياضيات.

ثالثاً: نتائج استبيان مجال التوظيف

للتعرف على الفقرات المتحققة والفقرات الغير متحققة في مجال توظيف التفكير باستخدام الحاسوب في تم حساب تكرارات إجابات المدرسين والمدرسات ثم إيجاد الوسط المرجح لكل فقرة وترتيبها تنازليا كما يبينها الجدول (7) والذي يبين الوسط المرجح للفقرات المتحققة في التوظيف والنسب المئوية للفقرة .

ت	الفقرة	الوسط المرجح	الوزن المئوي
1	اطلب من طلبتي إعداد مصورات معدة بالحاسوب تصلح لنشرات في الرياضيات	1.96	%65.33
2	أرى أن الحاسوب يساعدني كثيرا في تدريس الرياضيات.	1.95	%65
3	استخدم الحاسوب لأغراضي الشخصية مثل (طباعة الأبحاث، إعداد الاختبارات).	1.86	%62
4	أحسن استخدام تقنيات البحث في الانترنيت فيما يختص بالرياضيات وتدريسها.	1.82	%60.66
5	استفد من مناهج الرياضيات في البلدان العربية من خلال الانترنيت.	1.81	%60.33

جدول (7) يبين الفقرات المتحققة في مجال التوظيف والتي كان الوزن المئوي لها بين (60.33-65.33)

أما الفقرات المتحققة أيضا والتي كان الوزن المئوي لها بين (50% - 59.33%) يبينها الجدول (8).

ت	الفقرة	الوسط المرجح	الوزن المئوي
6	استثمر بعض أوقات فراغي لزيادة معلوماتي في الرياضيات من خلال الانترنيت.	1.78	%59.33
7	لي معرفة في لغات الحاسوب.	1.69	%56.33
8	اشتركت في منتديات خاصة بالرياضيات وأتواصل معهم.	1.68	%56
9	استعين بالأسئلة الإثرائية من الانترنيت في الاختبارات المدرسية.	1.66	%55.33

10	أوجه طلابي بكتابة بحوث في الرياضيات بمساعدة الانترنيت.	1.65	%55
11	اعد الحاسوب والانترنيت من التقنيات الحديثة في تدريس الرياضيات.	1.63	%54.33
12	تعرفت على مواقع متعددة متخصصة بالرياضيات.	1.62	%54
13	أتابع إلغاز في الرياضيات ومحاولة حلها من شبكة الانترنيت.	1.59	%53
14	يساعدني الانترنيت في تنمية قدراتي على حل المشكلات التي تواجهني في الرياضيات.	1.56	%52
15	احرص على الاطلاع على مختلف برمجيات الحاسوب المتوافرة في الأسواق في مجال الحاسوب	1.55	%51.66
16	أحفظ سجلاتي وكل ما يتعلق باختبارات الطلبة في الحاسوب.	1.54	%51.33
17	أتابع باستمرار مواقع تخص الرياضيات.	1.52	%50.66
18	أكلف طلبتي ببعض الأعمال التي تتطلب استخدام الحاسوب	1.5	%50

جدول (8) يبين الفقرات المتحققة في مجال التوظيف والتي كان الوزن المئوي لها بين(50% - 59.33%)

يتبين من خلال الجدول (7) ، والجدول (8) أن الفقرات المتحققة كانت تمثل (18) فقرة من أصل (40) فقرة في مجال توظيف التفكير باستخدام الحاسوبي بنسبة تحقيق (45%) من مجال التوظيف فضلا عن الفقرات المتحققة كانت هي الأخرى ذات نسب منخفضة إذ كانت الفقرة التي جاءت بالمرتبة الأولى هي فقرة (اطلب من طلبتي إعداد مصورات معدة بالحاسوب تصلح لنشرات في الرياضيات) حيث كان الوسط المرجح

لها يساوي (1.96) والوزن المئوي للفقرة كان (65.33%)، وتعد هذه الفقرة ممارسة أنشطة خاصة بالرياضيات خارج الصف وليس داخله أي في مجال التدريس الصفي.

ومن بين الفقرات المتحققة هي:

- (استخدم الحاسوب لأغراضي الشخصية مثل (طباعة الأبحاث، إعداد الاختبارات) حيث كان الوسط المرجح لها يساوي (1.86) والوزن المئوي للفقرة كان (62 %) .

- أحسن استخدام تقنيات البحث في الانترنيت فيما يختص بالرياضيات وتدريسها حيث كان الوسط المرجح لها يساوي(1.82) والوزن المئوي للفقرة كان(60.66 %) .

- استفد من مناهج الرياضيات في البلدان العربية من خلال الانترنيت حيث كان الوسط المرجح لها يساوي (1.81) والوزن المئوي للفقرة كان (60.33 %) .

- استثمر بعض أوقات فراغي لزيادة معلوماتي في الرياضيات من خلال الانترنيت حيث كان الوسط المرجح لها يساوي (1.69) والوزن المئوي للفقرة كان (59.33 %).

- لي معرفة في لغات الحاسوب حيث كان الوسط المرجح لها يساوي(1.81) والوزن المئوي للفقرة كان(56.33 %) .

- اشتركت في منتديات خاصة بالرياضيات وأتواصل معهم حيث كان الوسط المرجح لها يساوي (1.68) والوزن المئوي للفقرة كان (56 %) .

نلاحظ أن هذه الفقرات وان كانت تخص توظيف التفكير باستخدام الحاسوب إلا أنها تشير على التوظيف بما يخدم ويطور المدرس والمفروض أن ينسحب إلى بما فيه مصلحة الطالب .

أما الفقرات البقية من الاستبيان (مجال التوظيف) وعددها (22) فقرة من أصل (40) كانت غير متحققة وشكلت نسبة (55%) من فقرات الاستبيان (مجال التوظيف) ويبين الجدول(9) الوسط المرجح والوزن المئوي للفقرات الغير متحققة والتي انحصر نسب تحققها ما بين(040.33% - 49.33%).

الوزن المئوي	الوسط المرجح	الفقرة	ت
49.33%	1.48	حصلت من الانترنيت على أدلة للمدرس الرياضيات لمراحل مختلفة.	1
48.66%	1.46	استخدم الحاسوب كمعين في تدريس الرياضيات (مثل عرض القوانين،الامثلة).	2
48.33%	1.45	أوجــه طلبتــي للاســتعانة بالانترنيت في فهــم الرياضيات.	3
48%	1.44	اســتخدم الحاســوب لتنظــيم امور التــدريس في الرياضيات	4
46%	1.38	اســتخدم الحاســوب لتوضــيح بعــض المجســمات الرياضية.	5
44.33%	1.33	اتابع البرامج التي تقدم الرياضيات باسلوب مبسط ومشوق.	6
44%	1.32	اعــرض للطلبــة بعــض النظريــات في الهندســة علــى الحاسوب.	7
41.66%	1.25	اتابــع البحــوث والدراســات التــي توظف الرياضيات في الانترنيت.	8
40.66%	1.22	استخدام شبكة الانترنت بصفتها وسيلة بحثية يتم مــن خلالهــا تبــادل المعلومــات العلميــة والبحــوث والخبرات التعليمية من خلال البريد الالكتروني	9
40.33%	1.21	اســتطيع اســتخدام برنــامج مايكروســوفت ورد في تدريس الرياضيات.	10

جدول(9)يبين الفقرات الغير متحققة في مجال التوظيف والتي كان الوزن المئوي لها بين (040.33% - 49.33%)

من ملاحظة جدول(9) أن غالبية الفقرات الغير متحققة تصب في مجال توظيف التفكير باستخدام الحاسوب لتعم الفائدة للطالب والتي أشارت دراسات عدة توضح اثر استخدام الحاسوب والانترنيت في زيادة تحصيل الطالب وتنمية اتجاهات ايجابية نحو دراسة الرياضيات كما ورد في الإطار النظري للبحث.

أما الفقرات الغير متحققة في مجال التوظيف والتي جاءت نسب تحقيقها منخفضة جدا والتي انحسرت الوزن المئوي لها بين (13.66%-39.33%) يوضحها الجدول(10).

الوزن المئوي	الوسط المرجح	الفقرة	ت
39.33%	1.18	استعين بالحاسوب لتوضيح بعض الأفكار في الرياضيات.	11
37.33%	1.12	أتدرب على استخدام الحاسوب في تدريس الرياضيات.	12
36%	1.08	اشترك مع مدرسين آخرين في تحضير بعض المواد الرياضيات في الحاسوب.	13
35.66%	1.07	أنفذ خططي اليومية في الرياضيات باستخدام الحاسوب.	14
35.33%	1.06	امتلك بعض البرامج التي تخص الرياضيات.	15
34.66%	1.04	أستخدم الحاسوب بوصفه وسيلة تعليمية في تدريسي للرياضيات	16
31.66%	0.95	استطيع استخدام برنامج البوربوينت في تدريس الرياضيات.	17
30.33%	0.91	انتج الوسائل التعليمية الخاصة بالرياضيات باستخدام الحاسوب.	18
23.33%	0.70	استخدم البريد الالكتروني للتواصل مع أولياء أمور الطلبة الضعفاء في الرياضيات	19

20	استخدم البريد الالكتروني للتواصل مع الطلبة في واجبات الرياضيات.	0.68	%22.66
21	استطيع استخدام برنامج الأكسل في تدريس الرياضيات.	0.62	%20.66
22	استطيع استخدام برنامج لفوتوشوب في تدريس الرياضيات.	0.41	%13.66

جدول(10)يبين الفقرات الغير متحققة في مجال التوظيف والتي كان الوزن المئوي لها بين (13.66% - %39.33)

يبين الجدول(10) الفقرات الغير متحققة والتي يمثل اغلبها مهارات ضرورية وفعالة في التفكير باستخدام الحاسوب والتي هي منتشرة بكثرة في الدول العربية .

ولمعرفة مدى توظيف عينة البحث للتعليم الالكتروني بصورة عامة وهل هناك فروق ذات دلالة إحصائية عند المستوى(0.05) بين المدرسي والمدرسات للتوظيف يبن الجدول (11) الوسط الحسابي والتباين لدى مجموعة البحث والقيم التائية (المحسوبة والجدولية).

المجموعة	حجم العينة	الوسط الحسابي	التباين	القيمة التائية		درجة الحرية	مستوى الدلالة عند 0.05
				المحسوبة	الجدولية		
المدرسين	172	52.51	163.07	2.254	1.960	238	دال
المدرسات	68	48.47	129.50				

جدول(11) يبين الوسط الحسابي والتباين وقيم ت المحسوبة والجدولية لعينة البحث لمجال التوظيف

يبين الجدول (11) أن متوسط الحسابي لعينة المدرسين كان بصورة عامة (52.51) واقل من المستوى الفرضي (60) ويشكل ما نسبة 43.76% ، وكذلك الحال بنسبة للمدرسات ،إذ بلغ المتوسط الحسابي لمجال التوظيف (48.47) وهو اقل من المستوى الفرضي (60) ويشكل ما نسبة 40.39% وهي نسب منخفضة اختلفت عن كل الدراسات التي أوردها الباحث ، وتدلل هذه النسب على نوع من القصور سواء من المدرسين أو من الجهات المسؤولة عن تأليف الكتب والقائمين على التدريب حيث هذا لا يتناسب مع التوجيهات المعاصرة .

ولمعرفة هل هناك فروق فردية ذات دلالة إحصائية عند مستوى (0.05) بين توظيف التفكير باستخدام الحاسوب يعزى لمتغير الجنس يوضح الجدول (10) أن القيمة المحسوبة للفروق كانت (2.254) وهي اكبر من القيمة الجدولية البالغة (1.960) وعند مستوى حرية (238) لذا يمكن القول:

توجد فروق ذات دلالة إحصائية عند مستوى(0.05) بين توظيف التفكير باستخدام الحاسوببين المدرسين والمدرسات ولصالح المدرسين.

ورغم وجود الفروق بين المدرسين والمدرسات إلا انه بصورة عامة كان مستوى التوظيف منخفض جداً إذ بلغ المتوسط لكل أفراد العينة في التوظيف يساوي(50.49) ويشكل ما نسبة (42.08%) وقد يعزي الباحث هذه النسب المنخفضة إلى:

1- الظروف الصعبة التي مرت بالقطر وعدم هيمنة الدولة على كل مؤسساتها بالصورة المطلوبة الصحيحة في المتابعة والأشراف.

2- ضعف التثقيف على استخدام التكنولوجيا الحديثة في التدريس أو التوظيف في استخدامها في إعداد المناهج أو التدريس.

3- لا توجد معايير أو خطط في المؤسسات التربوية حول كيفية تفعيل أو توظيف التفكير باستخدام الحاسوب وتطبيقه في العراق كبقية الدول العربية.

4- الأنظمة والحوافز التعويضية من المتطلبات التي تحفز وتشجع المدرسين أو الطلاب على التفكير باستخدام الحاسوب. حيث لازال التفكير باستخدام الحاسوبي عاني من عدم وضوح في الأنظمة والطرق والأساليب التي يتم فيها التعليم بشكل وواضح كما أن عدم البت في قضية استخدام التفكير باستخدام الحاسوب في التعليم العام هي إحدى العقبات التي تعوق فعالية التعليم الإلكتروني.

5- التسليم المضمون والفعال للبيئة التعليمية، من حيث نقص الدعم والتعاون المقدم من أجل طبيعة التعليم الفعالة، ونقص المعايير لوضع وتشغيل برنامج فعال ومستقل، ونقص الحوافز لتطوير المحتويات .

6- الخصوصية والسرية: إن حدوث هجمات على المواقع الرئيسية في الإنترنت، أثرت على المعلمين والتربويين ووضعت في أذهانهم العديد من الأسئلة حول تأثير ذلك على التفكير باستخدام الحاسوب مستقبلا ولذا فإن اختراق المحتوى والامتحانات من أهم معوقات التعليم الإلكتروني.

7- التصفية الرقمية: هي مقدرة الأشخاص أو المؤسسات على تحديد محيط الاتصال والزمن بالنسبة للأشخاص وهل هناك حاجة لاستقبال اتصالاتهم؟ ، ثم هل هذه الاتصالات مقيدة أما لا؟ ، وهل تسبب ضرر وتلف؟ ، ويكون ذلك بوضع فلاتر أو مرشحات لمنع الاتصال أو إغلاقه أمام الاتصالات غير المرغوب فيها وكذلك الأمر بالنسبة للدعايات والإعلانات .

8- مدى استجابة كل من المدرسين والطلاب مع النمط الجديد وتفاعلهم معه.

9- مراقبة طرق تكامل قاعات الدرس مع التعليم الفوري والتأكد من أن المناهج الدراسية تسير وفق الخطة المرسومة لها.

10- وجود شح بالمعلم الذي يجيد "فن التعليم الالكتروني"، وإنه من الخطأ التفكير بأن جميع المعلمين في المدارس يستطيعون أن يساهموا في هذا النوع من التعليم.

11- زيادة التركيز على المعلم وإشعاره بشخصيته وأهميته بالنسبة للمؤسسة التعليمية والتأكد من عدم شعوره بعدم أهميته وأنه أصبح شيئاً تراثياً تقليدياً.

12- وعي أفراد المجتمع بهذا النوع من التعليم وعدم الوقوف السلبي منه.

13- الحاجة المستمرة لتدريب ودعم المتعلمين والإداريين في كافة المستويات، حيث أن هذا النوع من التعليم يحتاج إلى التدريب المستمر وفقاً للتجدد التقنية.

14- الحاجة إلى تدريب المتعلمين لكيفية التعليم باستخدام الإنترنت.

15- الحاجة إلى نشر محتويات على مستوى عالٍ من الجودة، ذلك أن المنافسة عالمية.

16- تعديل كل القواعد القديمة التي تعوق الابتكار ووضع طرق جديدة تنهض بالابتكار في كل مكان وزمان للتقدم بالتعليم وإظهار الكفاءة والبراعة.

17- عدم تواجد التيار الكهربائي بصورة مستمرة وصعوبة توافر الأجهزة الخاصة بالتعليم الالكتروني.

رابعاً: نتائج استبيان مجال الاتجاه

ولمعرفة مدى اتجاه عينة البحث للتعليم الالكتروني بصورة عامة وهل هناك فروق ذات دلالة إحصائية عند المستوى (0.05) بين المدرسي والمدرسات في الاتجاه يبن الجدول (12) الوسط الحسابي والتباين لدى مجموعة البحث والقيم التائية (المحسوبة والجدولية).

مستوى الدلالة عند 0.05	درجة الحرية	القيمة التائية		التباين	الوسط الحسابي	حجم العينة	المجموعة
		الجدولية	المحسوبة				
غير دال	238	1.960	0.538	243.98	71.35	172	المدرسين
				126.11	72.47	68	المدرسات

جدول(12) يبين الوسط الحسابي والتباين وقيم ت المحسوبة والجدولية لعينة البحث للمجال الاتجاه

يبين الجدول (12) أن المتوسط الحسابي لاتجاه عينة المدرسين كان بصورة عامة (71.35) واهو اكبر من المستوى الفرضي (60) ويشكل ما نسبة 59.46% ، وكذلك الحال بنسبة للمدرسات ،إذ بلغ المتوسط الحسابي لمجال التوظيف (72.47) وهو اكبر من المستوى الفرضي (60) ويشكل ما نسبة 60.39% وهي نسب مقبولة ومرتفعة نسبيا مقارنة بمجال التوظيف رغم إنها أقل نسبة مما جاء في كل الدراسات التي أوردها الباحث ، وتدلل هذه النسب على نوع من القصور سواء من المدرسين أو المدرسات في النظرة المستقبلية في الاتجاه نحو توظيف التفكير باستخدام الحاسوب في تدريس الرياضيات وتطوير القابليات.

ولمعرفة هل هناك فروق فردية ذات دلالة إحصائية عند مستوى(0.05) بين اتجاه عينة البحث نحو توظيف التفكير باستخدام الحاسوب يعزى لمتغير الجنس يوضح الجدول (11) أن القيمة المحسوبة للفروق كانت (0.538) وهي أقل من القيمة الجدولية البالغة (1.960) وعند مستوى حرية (238) لذا يمكن القول:

لا توجد فروق ذات دلالة إحصائية عند مستوى(0.05) بين اتجاه المدرسين والمدرسات نحو توظيف التعليم الالكتروني.

ويعزي الباحث النسب المنخفضة اتجاه توظيف التفكير باستخدام الحاسوب بأن الإنسان بطبعه لا يحب تغيير ما اعتاد عليه، بل يقاوم ذلك بأساليب مختلفة، وهذا السلوك ينسحب على المدرسين والمدرسات في الصف ولا نقصد المقاومة بمعناها العنيف، إن ما نعنيه هي المقاومة التي تأخذ شكل الممانعة والسلبية تجاه التغيير، ومن الممكن أن نشير أشكال لهذه الممانعة:

1- عدم الرغبة في التكيّف مع الأساليب والتقنيات الحديثة.

2- التمسك بالأساليب التعليمية القديمة أو السائدة.

3- الشعور بعدم الاهتمام وعدم المبالاة نحو التغييرات الجديدة.

4- حاجز اللغة الذي يحول بين المدرس وما وصلت غليه التطورات العظيمة في مجال التقنيات الحديثة والكم الهائل من المعرفة الذي يتطور ويزداد يوما بعد يوم.

5- الأمية المعلوماتية ، فرغم المناداة لهذا العصر بمقولة أن الذي ليس لديه اطلاع على الانترنيت يعد جاهلا، نرى الكثير ليس لديه الرغبة في الاطلاع ولا التطوير،بل اكتفى بمعلوماته القديمة رافضا أي تجديد فيها.

6- الشعور المسبق بأن تلك التطورات قد تزيد من أعباء المعلم.

7- عدم متابعة الجهات المسؤولة عند التدريب بان هناك حاجة ماسة إلى تعلم أساليب وطرق جديدة في تدريس الرياضيات.

8- الحالة التي يمر بها القطر العراقي ومع نشوء تقنية المعلومات (ونخص منها شبكة الإنترنت) في مجتمع لا يخضع لسيطرة معينة ، جعلها تحمل في طياتها حقد وكراهية لهذه التقنيات وحول الآثار السلبية لما تحمله شبكة الإنترنت من أمور غير أخلاقية. حتى إن البعض ينادي بسن القوانين ضدها، ولكن ثقافة المجتمع قد لا تسمح بذلك. لهذا فإن العديد من الدول قد ضمنت خططها المعلوماتية قضية مواجهة تحديات عصر المعلوماتية. ويشمل ذلك قضايا توافق الحوسبة مع عادات وتقاليد المجتمع، ففي الجانب الاجتماعي يمكن الحد من الآثار السلبية بالتوعية والمتابعة. وأما من الجانب التقني، فهناك بعض الحلول التي ظهرت للحد من الاستخدام السيئ لشبكة الإنترنت، مثل برامج الترشيح التي لا تسمح بالوصول إلى مواقع مختارة على الشبكة. كما أن الدراسات والأبحاث مستمرة في هذا المجال.

إن التفكير باستخدام الحاسوب نتاج ثقافي للمجتمع الذي أنتجها مما يجعل توظيفها يتطلب تكيف ثقافيا من جانب المستهلك لإدماجها في البيئة المحلية، والتوسع في تطبيقات ثورة المعلومات في المجتمع العربي وخصوصا في العراق، يتطلب شروطا اجتماعية وثقافية أعمق من مجرد استيرادها، فنحن أمام قائمة من المشاكل الاقتصادية، والاجتماعية

والثقافية، تتطلب مهارات اللغة الكونية الجديدة، وتضيف مهارات ثورة المعلومات، وخاصة الانترنت في مواجهة مشاكلها، فظاهرة الانترنت تناقصت فيها التوجهات في الواقع العراقي بصورة عامة مابين :

- ديمقراطية أم مزيد من سيطرة الحكومات ؟
- ألفة جماعات الانترنت أم غربة عن الواقع ؟
- حوار حضارات أم صراع الحضارات ؟
- عمالة أكثر، أم بطالة أكثر ؟
- إبداع جديد أم اجترار للقديم؟

وأمام هدا التناقض فقد اختلفت التوجهات المحورية من المنظور الثقافي المعلوماتي لظاهرة الانترنت في الدول العربية، من حيث استعمال الانترنت، لذا انحصر استعمال الشبكة كفضاء للدردشة، أو البريد الالكتروني على حساب المعرفة والبحث في المجلات والصحف أو الدخول على مواقع غير علمية.

ومع وجود هذه المقاومة لاستخدام التقنية المعلوماتية في العملية التعليمية ، إلا أن نتائج الاستبانة مشجعة وتبشر بالخير لمستقبل أفضل.

الفصل السادس

الاستنتاجات والتوصيات والمقترحات

يتضمن هذا الفصل أهم الاستنتاجات والتوصيات التي توصل إليها الباحث في ضوء نتائج البحث وتقديم بعض المقترحات وعلى النحو التالية :

أولا: الاستنتاجات .

1- لمس الباحث بأن هناك اهتماماً واتجاها ايجابيا من قبل المدرسين والمدرسات لمادة الرياضيات نحو استخدام الحاسوب في عرض المعلومات والمفاهيم (البرامج العلمية) الخاصة بالرياضيات.

2- انخفاض مستوى توظيف التفكير باستخدام الحاسوب عند تدريس الرياضيات من قبل المدرسين والمدرسات بشكل لا يوجد في أي دولة عربية.

3- مناهج التعليم العام (الكتب أو أدلة المدرسين) في الرياضيات خالية من استخدام أو الدعوة لاستخدام التفكير باستخدام الحاسوب عند تدريس الرياضيات .

4- انخفاض أو انعدام الدورات التدريبية الخاصة بالانترنيت وكيفية استخدامه وتوظيفه عند تدريس الرياضيات.

في ضوء النتائج السابقة يمكن تقديم التوصيات الآتية:

1- ضرورة عقد دورات تدريبية لأعضاء هيئة التدريس في التعليم العام تختص بكيفية توظيف التفكير باستخدام الحاسوب في العملية التعليمية .

2- لابد من إدخال التقنيات الحديثة في مدارس التعليم العام مواكبة مع تطور المناهج فلابد أن يقترن تطور المناهج مع تطور التقنيات المستخدمة في التعليم .

3- ضرورة عمل بحوث تختص بالصعوبات التي تعوق توظيف التفكير باستخدام الحاسوب في التعليم العام على مستوى البلد .

4- عمل حلقات تدريبية بصفة دورية ولتكن كل ثلاثة أشهر مثلا تعرف المدرسين والطلبة بأهمية استخدام التقنيات الحديثة في التعليم لكي يشجع هذا الطالب للمشاركة في العملية التعليمية وتفعيل دورهم أكثر .

5- ضرورة توفير البرمجيات والمواد التعليمية المناسبة لاستخدامها في تدريس المناهج الرياضياتية التعليمية للطلاب .

6- هناك حاجة إلى توجيه جهود البحث العلمي نحو مزيد من البحوث والدراسات التي تسعى للكشف عن التفكير باستخدام الحاسوب في تحقيق نتائج فعالة بالنسبة لمتغيرات مختلفة.

7- مساعدة هيئة التدريس في إعداد المواد التعليمية الخاصة بالتعليم الالكتروني، وإدارة برامج الصفوف المستخدمة له.

8- ضرورة الاستفادة من البرامج الجاهزة المتوفرة باللغة العربية والتي يمكن أن تخدم في تدريس الرياضيات.

9- وضع خطة لتوفير مجموعة من المبرمجين على درجة عالية من الكفاءة والخبرة من خريجي كليات تقنية المعلومات أو الهندسة تخصص الحاسبات لتحويل المناهج الرياضيات إلى برامج سهلة العرض للطلبة.

10- ضرورة توفير العدد الكافي من مدرسي الرياضيات القادرين على استخدام التفكير باستخدام الحاسوب لتدريب زملائهم في الدورات التدريبية التي تقيمها مديريات تربية المحافظات.

11- الاهتمام بتدريب معلمي ومدرسي الرياضيات على توظيف تكنولوجيا المعلومات والاتصالات في التدريس.

12- ضرورة الأخذ في الحسبان عند تأليف الكتب الخاصة بمناهج الرياضيات أن يراعى المؤلفون ضرورة توظيف تكنولوجيا المعلومات والاتصالات فيها وفي تدريسها.

13- ضرورة العمل على توفير المعامل (أو مختبر خاص بالرياضيات) بالمدارس بما يناسب أعداد الطلاب وتزويدها بالأجهزة الحديثة على أن تكون هذه الأجهزة من نوع واحد حتى يتسنى سهولة الصيانة.

14- العمل على توفير العدد الكافي من أخصائيي تكنولوجيا المعلومات والاتصالات بالمدارس.

15- العمل على رفع مستوى اللغة الإنجليزية لدى الطلاب حتى يتمكنوا من الاستفادة من إمكانيات تكنولوجيا المعلومات والاتصالات.

16- العمل على توافر الأدلة الخاصة بكيفية توظيف التفكير باستخدام الحاسوب في مناهج وكتب الرياضيات.

17- العمل على رصد الحوافز المادية والمعنوية لتوظيف التفكير باستخدام الحاسوب في تدريس الرياضيات.

18- العمل على دعم الأجهزة الخاصة بالحاسوب والبرامج الخاصة بتدريس الرياضيات من قبل الدولة ليتسنى للمدرسين اقتناءها.

المقترحات

استكمالاً للبحث يقترح الباحث إجراء البحوث المستقبلية الآتية:

1- أثر استخدام التفكير باستخدام الحاسوب في تدريس مادة الرياضيات في التحصيل الدراسي وتنمية الاتجاه نحوها في مراحل التعليم العام (المتوسطة، والإعدادية) .

2- إجراء دراسة لمعرفة الجوانب الإيجابية والسلبية من خلال استخدام الإنترنت في التعليم العام.

3- إجراء دراسة حول أهم البرامج (الوسائل، الأدوات) المستخدمة في تدريس الرياضيات.

4- إجراء دراسة حول اتجاهات أعضاء هيئة التدريس في مراحل التعليم العام نحو استخدام الإنترنت.

5- إجراء دراسة حول اتجاهات أعضاء هيئة التدريس في مراحل التعليم العام نحو استخدام الحاسوب.

6- إجراء دراسة لمعرفة أثار الإنترنت (الفكرية، والأخلاقية، والاجتماعية) على طلاب التعليم العام.

7- إجراء دراسة لمعرفة علاقة استخدام الإنترنت بتحصيل الطلاب في مراحل التعليم العام.

8- إجراء دراسة لمعرفة أسباب عزوف بعض أعضاء هيئة التدريس في مراحل التعليم العام عن استخدام الإنترنت والحاسوب.

المراجـــع

أولاً: المراجع العربية:

1- أمان محمد ويوسف، ياسر، 2004، **تكنولوجيا المعلومات في المكتبات ومراكز المعلومات**، مكتبة فلاح للنشر والتوزيع، الطبعة الأولى، الكويت.

2- أبو جابر، ماجد؛ والبداينة، ذياب 1993، اتجاهات الطلبة نحو استخدام الحاسوب، **مجلة رسالة الخليج العربي**، 46 (13).

3- أبو حويج، مروان وآخرون، 2002، **القياس والتقويم في التربية وعلم النفس**، ط1، الدار العلمية الدولية للثقافة، عمان، الأردن.

4- أبو عرّاد صالح بن علي، وفصيِّل عبدالرحمن محمد، 2006، استخدام أعضاء هيئة التدريس للحاسوب في كليات المعلمين في المملكة العربية السعودية (الواقع، الاتجاهات، المعوقات)، في **مجلة رسالة التربية وعلم النفس**، العدد (26)، سنة: 1427هـ

5- ابو العطا، مجدي (2005): **تطبيقات الحاسب**، العربية لعلوم الحاسب (كمبيوساينس)، القاهرة.

6- أبو مغلي، وائل وآخرون، 2000، **مقدمة إلى الانترنت**، دار الميسرة، ط1، عمان، الأردن

7- أبو الهيجاء، هيثم وآخرون، 2003، **مهارات الحاسوب**، دار البركة للنشر والتوزيع، الأردن

8- أحمد عبد العزيز وسهير عبد اللـه (2000): **الحاسوب وأنظمته**، دار وائل للنشر والطباعة، عمان.

139

9- اطميزي، جميل احمد، 2008، دمج التعليم الالكتروني في الجامعات الفلسطينية، في **مجلة علوم إنسانية السنة السادسة**، العدد38، الجزائر.

10- باوزير، منى، 2007، استبانة ميدانية: توظيف التقنيات الحديثة لرفع مستوى تحصيل الطلبة، في **صحيفة عكاظ السعودية**، الأربعاء (1428/11/25هـ) العدد: 2362.

11- بدران، عدنان (2000). رأس المال البشري والإدارة بالجودة (استراتيجيات لعصر العولمة) في:التعليم والعالم العربي، تحديات الألفية الثالثة، **مركز الإمارات للدراسات والبحوث الإستراتيجية**، أبو ظبي.

12- بلغيث، سلطان، 2008، واقع استخدام الانترنت في الوسط الجامعي: جامعة تبسة أُنموذجا، في **مجلة علوم إنسانية**، السنة الخامسة: العدد 37: ربيع 2008 الجزائر.

13- بلقرمي، سهام، 2007، التعليم الالكتروني:رؤية مستقبلية جديدة (الجزائر نموذجا)، **في مجلة العلوم الإنسانية**، السنة الرابعة: العدد: 32: ك 2 (يناير)، الجزائر.

14- البياتي، عبد الجبار توفيق، وزكريا اثناسيوس، 1977، **الإحصاء الوصفي والاستدلالي في التربية وعلم النفس**، بغداد، مطبعة مؤسسة الثقافة العمالية.

15- الاتحاد الدولي واليونسكو، 1997، الإنترنت في التعليم، ورقة مقدمة إلى **ندوة العالم العربي ومجتمع المعلومات**، تونس -في الفترة من 4-7/ 1997/5/

16- التمار، جاسم وسليمان ممدوح، 2007، فاعلية التدريس المزود بالحاسوب في تنمية تحصيل المعادلات الجبرية من الدرجة الأولى لدى طلبة الصف السابع المتوسط في دولة الكويت، في **مجلة العلوم التربية والنفسية**، جامعة البحرين، المجلد 8 العدد 4 ديسمبر.

17- التودري، عوض حسين، 2004، أدوار حديثة لمعلم المستقبل في ضوء المدرسة الإلكترونية في **اللقاء السنوي الثالث عشر**، كلية التربية - جامعة الملك سعود – الرياض

-18 الجرف، ريما سعد، 2004، مدى استخدام أعضاء هيئة التدريس في الجامعات السعودية للتعليم الالكتروني الواقع والتطلعات، **سجل وقائع ندوة تنمية أعضاء هيئة التدريس كلية التربية، جامعة الملك سعود.**

-19 **جريدة الرياض السعودية**، 2008، توصيات ملتقى التعليم الإلكتروني الأول، الثلاثاء 22 جمادى الأولى 1429هـ

-20 الحارثي، زايد، 1992، **بناء الاستفتاءات وقياس الاتجاهات**، ط1، دار الصفا للنشر والتوزيع، عمان، الأردن.

-21 حسن، أشرف جلال، 2006، فاعلية استخدام الإنترنت في مجال التدريس، **ورقة عمل مقدمة ضمن فعاليات أسبوع التجمع التربوي الثاني** في الفترة من 25-30 مارس 2006، كلية الآداب والعلوم، جامعة قطر

-22 حسين، حمدى، 1994، **وسائل الاتصال والتكنولوجيا في التعليم**، الكويت، دار القلم.

-23 الحصيني، عبدالقوي 2006، واقع التعليم عن بعد وتكنولوجيا المعلومات في الجمهورية العربية اليمنية، **وقائع المؤتمر الدولي للتعلم عن بعد**، عمان، جامعة مسقط، من27 - 29 مارس.

-24 الحضان، علي، وآخرون، 2008، عوائق التعليم الالكتروني تتلخص في التكلفة العالية والبنية التحتية للمدارس، في **جريدة الرياض اليومية** السعودية، لأثنين 21 جمادى الأولى 1429هـ العدد 14581.

-25 خان، بدر الدين، 2005، **استراتيجيات التعلم الالكتروني**، ترجمة على بن شرف الموسوى وآخرون، سوريا، شعاع للنشر.

-26 داود، عزيز حنا وأنور حسين عبد الرحمن، 1990، **مناهج البحث التربوي**، دار الحكمة للطباعة والنشر، جامعة بغداد.

27- الركابي، رائد، 2006، معوقات استخدام الانترنيت، المكتبة الالكترونية، **موقع أطفال الخليج ذوي الاحتياجات الخاصة** www. gulfkids. com.

28- رمود، ربيع عبدالعظيم، 2002، فاعلية التعلم الفردي بمساعدة الكومبيوتر في تنمية بعض قدرات التفكير الابتكاري في مادة الرياضيات لدى تلاميذ المرحلة الإعدادية"، **مجلة كلية التربية بدمياط**، العدد 39.

29- الزعبي، محمد بلال وآخرون(2004): **الحاسوب والبرمجيات الجاهزة**، دار وائل للنشر، الطبعة السادسة، عمان، ص5.

30- الزغول، عماد 2005، **مبادئ علم النفس التربوي**، العين، دار الكتاب الجامعي، ط5.

31- زيتون، حسن حسين، 2005، **رؤية جديدة في التعليم: التعلم الإلكتروني**، الرياض: الدار الصوتية للتربية.

32- زيتون، عايش محمد، 2004، **أساليب تدريس العلوم**، ط1، ص4، دار الشروق، عمان، الأردن.

33- سالم، أحمد محمد، 2006، **وسائل وتكنولوجيا التعليم**، الطبعة الثانية، الرياض، مكتبة الرشد.

34- سعادة، جودت احمد، 2001، **صياغة الأهداف التربوية والتعليمية في جميع المواد الدراسية**، ط1، دار الشروق، عمان، الأردن.

35- سعادة، جودت احمد ؛والسرطاوي، عادل فايز (2003). استخدام **الحاسوب والإنترنت في ميادين التربية والتعليم**، دار الشروق للنشر والتوزيع عمان، الأردن.

36- سلامة، حسن علي، 2005، **اتجاهات حديثة في تدريس الرياضيات**، دار الفجر للنشر والتوزيع، القاهرة.

37- السلامة، حمد، 2007، التعليم الإلكتروني مهمش في الدول العربية، **جريدة القبس الكويتية**، العدد 12194، السنة 36، 14مايو.

38- سليمان صالح وسمية عرفات 2006، التلفزيون التعليمي وآفاق المستقبل دراسة تحليلية للبرامج التعليمية بقناة التعليم الثانوي، **وقائع المؤتمر الدولي للتعلم عن بعد**، عمان، جامعة مسقط، من 27- 29 مارس.

39- شحاتة، حسن وفوزي أبا الخيل، 2002، التدريس والتقويم الجامعي دراسة نقدية مستقبلية، **مجلة رسالة الخليج العربي**، العدد، 77، ص59، 74.

40- الشرهان، جمال بن عبدالعزيز، 2002، اثر استخدام الحاسوب في تحصيل طلاب الصف الأول الثانوي في مقرر الفيزياء، **مجلة العلوم التربوية والنفسية**، جامعة البحرين، المجلد (3)، العدد (3)، ص69-87.

41- الشمالي، بندر ناصر احمد، 2004، توقيع عقد تطوير مناهج الرياضيات والعلوم بقيمة 900 مليون ريال، **جريدة الرياض**، الأربعاء 19 شوال 1425العدد 13312 السنة 40.

42- الشناق، قسيم 2006، وحسن بني رومي. تقويم مواد التعلم الالكتروني لمنهاج الفيزياء في المدارس الأردنية من وجهة نظر المعلمين والطلبة، **وقائع المؤتمر الدولي للتعلم عن بعد**، عمان، جامعة مسقط، من 27 - 29 مارس.

43- **صحيفة عكاظ الأربعاء 1429/04/24هـ) 30/ أبريل/2008/ العدد: 2509**

44- الضبع، ثناء يوسف، جاب اللـه، منال عبد الخالق، 2002، المدرسة العصرية بين أصالة الماضي واستشراف المستقبل، **ورقة عمل مقدمة لندوة مدرسة المستقبل**، كلية التربية - جامعة الملك سعود، الرياض.

45- الطعاني، حسن احمد، 2002، **التدريب مفهومه وفعالياته**، بناء البرنامج التدريبية وتقويمها، دار الشروق، عمان، الأردن.

46- الطيطي، عبد الجواد فائق، 1991، **تقنيات التعليم بين النظرية والتطبيق**، ط1. اربد: دار قدسية.

143

47- الظاهر، زكريا محمد، 2002، **مبادئ القياس والتقويم في التربية**، ط1، الدار العلمية الدولية، الأردن

48- عبد الحافظ، محمد، (1992)، مدخل إلى تكنولوجيا التعليم، عمان، دار الفكر لنشر والتوزيع.

49- العبد الله، إبراهيم يوسف، 1988 استخدام الحاسب في العملية التعليمية، البحرين: وزارة التربية والتعليم.

50- عبدالحميد، محمد زيدان، 2007، التعليم الالكتروني، في مجلة مركز البحوث في الآداب والعلوم التربوية - العدد الثامن - 1428.

51- العجلوني، خالد، (2001)، "اثر استخدام الحاسوب في تدريس مادة الرياضيات لطلبة المرحلة الثانوية في مدارس مدينة عمان"، **مجلة دراسات، المجلد** (28)، العدد (1)، ص85-101.

52- العجمي، محمد (2000): **الإدارة المدرسية**، دار الفكر العربي، القاهرة، الطبعة الأولى.

53- العريفي، يوسف بن عبد الله (2003) التعليم الإلكتروني تقنية واعدة وطريقة رائدة، ورقة عمل لندوة التعليم الإلكتروني، مدارس الملك فيصل، الرياض

54- العيسى، رياض محمد، 2007، التعليم الإلكتروني يدخل مدارس الشرقية، **نشرة وزارة التربية والتعليم**، المملكة العربية السعودية

55- عشيوني، محمد، 2007، نظرة مستقبلية للتعليم الالكتروني، في مجلة التقنية، العدد الثالث

56- علام، صلاح الدين محمود، 2001، **القياس والتقويم التربوي والنفسي أساسياته وتطبيقاته وتوجيهاته المعاصرة**، ط1، دار الفكر العربي، القاهرة مصر.

57- العلوي شوقي، 2006، **رهانات الانترنت**، المؤسسة الجامعية للدراسات والنشر والتوزيع، بيروت.

58- عواطف محمد حسانين: فاعلية التعلم بالكمبيوتر في علاقته بمتغيرات الحداثة، الدافعية، التفاعل اللفظي بين الطالب والمعلم. **المجلة التربوية، كلية التربية بسوهاج، جامعة جنوب الوادي**، العدد العاشر، الجزء الثاني، يوليو، 1995م

59- عودة، احمد سليمان وخليل يوسف الخليلي، 1998، **الإحصاء للباحث في التربية والعلوم الإنسانية**، دار الفكر، عمان.

60- عودة، أحمد سليمان، ومكاوي، فتحي حسن، 1993، أساسيات البحث العلمي في التربية والعلوم الإنسانية، ط2، مكتبة الكتاني، الأردن.

61- العويد، محمد صالح والحامد، أحمد بن عبد الله (2003) التعليم الإلكتروني في كلية الاتصالات والمعلومات بالرياض: دراسة حالة، ورقة عمل مقدمة لندوة التعليم المفتوح في مدارس الملك فيصل، الرياض

62- عيادات، يوسف أحمد 2004، **الحاسوب التعليمي وتطبيقاتة التربوية**، دار المسيرة للنشر والتوزيع والطباعة، عمان

63- العمري، محمد خليفة، 2002، واقع استخدام الانترنت لدى أعضاء هيئة التدريس وطلبة العلوم والتكنولوجيا الأردنية، **مجلة اتحاد الجامعات العربية**، العدد 40، .

64- علي، عبد الله مصري. الحاسب والمنهج الحديث. الرياض: دار الكتب. (1998)

65- غارسون، ر. واندرسون، تيري، 2006، التعليم الالكتروني في القرن الواحد والعشرين، ترجمة محمد رضوان الأبرش، مكتبة العبيكان للطباعة والنشر، المملكة العربية السعودية.

66- غرايبة، فوزي وآخرون، 2003، **أساليب البحث العلمي في العلوم الاجتماعي الإنسانية**، دار وائل، ط3، عمان، الأردن.

67- فادي إسماعيل. البنية التحتية لاستخدام تكنولوجيا المعلومات والاتصالات في التعليم، والتعليم عن بعد. ورقة عمل مقدمة إلى الندوة الإقليمية حول توظيف

تقنيات المعلومات والاتصالات في التعليم، والتعليم عن بعد دمشق. 17 يوليو 15 -: 2003

68- الفار، إبراهيم عبدالوكيل (1995): التعليم والتعلم المعزز بالحاسوب –الرؤية والمستقبل، **وقائع ندوة الحاسوب في جامعات دول الخليج العربي**، 1514هـ الموافق1995م.

69- لفار، إبراهيم عبد الوكيل (2000). تربويات الحاسوب وتحديات مطلع القرن الحادي والعشرين، منشورات دار الكتاب الجامعي، العين، ص170.

70- الفار إبراهيم عبد الوكيل (2004): **تربويات الحاسوب**، دار الفكر العربي، القاهرة، ص70.

71- فتاح، سعد غانم علي، 2005، تقويم تدريس مادة الإنترنت لطلبة الدراسات العليا في ضوء بعض المتغيرات، رسالة ماجستير غير منشورة، كلية التربية، جامعة الموصل، العراق

72- فتح الباب عبد الحليم سيد(1995): الكمبيوتر في التعليم. مكتبة عالم الكتب- القاهرة - مصر

73- فودة، الفت، 1999، قياس أثر كل من الأسلوب التعاوني والتقليدي في تعلم مبادئ الحاسب الآلي والبرمجة على طالبات كلية التربية (دراسة ميدانية)، **مجلة جامعة الملك سعود، العلوم التربوية والدراسات الإسلامية**، العدد(2) المجلد الحادي عشر.

74- فهيم مصطفى (2005): **مدرسة المستقبل**، دار الفكر العربي للطباعة والنشر، القاهرة، ص252-253.

75- القاضي، زياد قصي وزملائه، 2000، **مقدمة إلى الانترنت**، دار الصفاء، عمان، الأردن.

76- قبيعة، محمد جمال احمد، 1998، متصفح مايكروسوفت لإدارة الانترنت، دار الراتب الجامعية، بيروت، لبنان

77- الكبيسي، عبدالواحد حميد، 2007، أثر استخدام أسلوب التعليم البنائي على تحصيل طلبة المرحلة المتوسطة في الرياضيات والتفكير المنظومي، **مجلة أبحاث البصرة للعلوم الإنسانية**، المجلد 32 العدد(1) الجزء (ب) ص28-52.

78- الكبيسي، عبدالواحد حميد، 2008، **طرق تدريس الرياضيات**، مكتبة المجتمع العربي، للنشر والتوزيع، عمان الأردن.

79- المبارك، أحمد بن عبد العزيز (2003) أثر التدريس باستخدام الفصول الافتراضية عبر الشبكة العالمية الإنترنت على تحصيل طلاب كلية التربية في تقنيات التعليم والاتصال بجامعة الملك سعود، رسالة ماجستير، الرياض

80- المبيريك، هيفاء بنت فهد 2002، التعليم الالكتروني، **وقائع ندوة مدرسة المستقبل**، السعودية، جامعة الملك سعود، من 22 - 23 تشرين الأول.

81- المجالي، محمد داود (2005). مدارس المستقبل: استجابة الحاضر لتحولات المستقبل (التعلم الالكتروني في ظل مدارس المستقبل)، ورقة عمل مقدمة إلى المؤتمر التربوي السنوي التاسع عشر (مدارس المستقبل)، وزارة التربية والتعليم، مملكة البحرين

82- محمد، مندورة، وأسامة، رحاب، (1989)، دراسة شاملة حول استخدام الحاسوب الآلي في التعليم العام مع التركيز على تجارب ومشاريع الدول الأعضاء، **مجلة رسالة الخليج العربي**. 9(29).

83- محمد غازي محمد الجودي (2003- 1424): التحقق من احتياج أعضاء هيئة التدريس وطلاب كلية المعلمين في المملكة العربية السعودية إلى التدرب على استخدام الحاسب الآلي. مجلة كليات المعلمين - المجلد الثالث- العدد الأول.

84- محمد، محمد جاسم، 2004، **علم النفس التربوي وتطبيقاته**، ط1، دار الثقافة عمان، الأردن.

85- محمد، مصطفى عبد السميع. (1999). تكنولوجيا التعليم دراسات عربية. القاهرة: مركز الكتاب للنشر

86- المحيسن، إبراهيم. "المعلوماتية في التعليم". مجلة عربيوتر، عدد 73، أكتوبر 1996 الموسى عبد اللـه بن عبد العزيز 2000، استخدام تقنية المعلومات والحاسوب في التعليم الأساسي بالدول الأعضاء (المرحلة الابتدائية)، الرياض.

87- المحيسن، إبراهيم عبد اللـه، 2002، التعليم الالكتروني ترف أم ضرورة، ورقة عمل مقدمة لندوة: مدرسة المستقبل جامعة الملك سعود- 16-17 رجب 1423 هـ

88- مرسي، محمد منير، 1993، **المعلم وميادين التربية**، القاهرة، مكتبة الأنجلو المصرية

89- مرعي، توفيق احمد، والحيلة، محمد محمود (1998). **تفريد التعليم**، عمان، دار الفكر للطباعة والنشر والتوزيع

90- المؤتمر الدولي لتعليم الرياضيات (2004م). التطورات والاتجاهات الحديثة في تعليم الرياضيات في المرحلة الثانوية. مؤتمر تعليم الرياضيات العاشر، كوبنهاجنن الدنمارك.

91- المغربي، كامل محمد، 2002، **أساليب البحث العلمي في العلوم الإنسانية والاجتماعية**، الدار العلمية ودار الثقافة، ط1، الإصدار الأول، عمان الأردن

92- المناعي، عبد اللـه سالم (1995) التعليم بمساعدة الحاسوب وبرمجياته التعليمية. حولية مجلة التربية، جامعة قطر، العدد (12).

93- المناعي، عبد اللـه سالم، 1996، أنماط برمجيات التعليم بمساعد الحاسب ومراحل إنتاجها، مجلة آفاق تربوية، العدد الثامن، قطر: وزارة التربية والتعليم، إدارة التوجيه التربوي

94- الموسى، عبد اللـه عبد العزيز، 2002، التعليم الإلكتروني - مفهومه.. خصائصه.. فوائدة.. عوائقه - ورقة عمل مقدمة إلى ندوة مدرسة المستقبل في الفترة 16-17/رجب/1423هـ جامعة الملك سعود

-95 مهنا، وفاء نمر عقاب، 2007، تقويم منهج الرياضيات المحوسب على الشبكة بالأردن، في مؤتمر تربية الإنترنتِ الدولي السادسِ سبتمبر/أيلول 2-4.

-96 النجار، عبد اللـه بن عمر، 2001، واقع استخدام الانترنت في البحث العلمي لدى أعضاء هيئة التدريس بجامعة الملك فيصل، **مجلة مركز البحوث التربوية**، جامعة قطر، العدد 19.

-97 **نشرة تعريفية، 2007**، نشرة إخبارية يومية تصدر عن إدارة العلاقات الخارجية بجامعة قطر، العدد رقم 293 **الاثنين 26 مارس**

-98 الهاشمي، عبدالرحمن عبد، الدليمي طه علي حسين، 2008، **استراتيجيات حديثة في التدريس**، دار الشروق للنشر والتوزيع، ط1، عمان، الأردن.

-99 هافيل، دي، هشام، وفاء والعلاوي، شيخة (2003). **التعليم الأمثل للرياضيات باستخدام الحاسب الآلي في جامعة عربية للبنات. برامج تعليم الرياضيات**

-100 همشري، عمر وعبد الحميد بوعزة (2000): واقع استخدام شبكة الانترنت من قبل أعضاء هيئة التدريس بجامعة السلطان قابوس - مجلة دراسات العلوم التربوية - المجلد 27 العدد2 - عمان - الأردن.

-101 وزارة التربية والتعليم في دولة الإمارات العربية المتحدة (2001). الوثيقة الوطنية لمنهج الرياضيات للتعليم العام في دولة الإمارات العربية المتحدة. وزارة التربية والتعليم في الإمارات العربية المتحدة.

-102 وزارة التربية والتعليم في جمهورية مصر العربية (2003). المعايير القومية للتعليم في مصر. وزارة التربية والتعليم في جمهورية مصر العربية.

-103 يس عبد الرحمن قنديل، (1996): أثر استخدام استراتيجية مقترحة لتقديم برنامج في الثقافة الكمبيوترية الأساسية للطلاب المعلمين على معلوماتهم ومهاراتهم واتجاهاتهم في مجال الكمبيوتر. رسالة دكتوراه غير منشورة، جامعة القاهرة.

المصادر الأجنبية

104- **AACRAO** (1997). Virtual Learning Environments. Proceeding.

105- Abramovich, S., et al, 1999 ,Spreadsheets: A new form of educational software for school Mathemaics. **In D. Thomas (Ed.), Proceedings from the international**

106- Aytekin Isman,2004, Attitudes of Students Towards Internet,in Turkish **Online Journal of Distance Education**- October , Volume: 5 Number: 4

107- BinTaleb, A. (2007). Teaching and Learning with Laptop Computers: Perspectives of Faculty & Preservice Teachers and Implications for Future Practice. In C. Montgomerie & J. Seale (Eds.), **Proceedings of World Conference on Educational Multimedia, Hypermedia and Telecommunications 2007 (pp. 1973-1975.**

108- Bosman ,Kelli. Simulation 2002, **based E - learning , Syracurs university.**

109- Breckler, S. (1997). Empirical validation of affect, behavior, and cognition as distinct components of attitudes. In: M. Hewstone; A. Manstead & W. Stroebe (Ed.s). **The Blackwell reader in social psychology.** UK: Blackwell.

110- Carliner, Paul. (1998). **An overview of online learning.** VNU Business Media

111- Carboni, Lisa Wilson,2003: 'I take comfort in the fact that I'm not alone' Online discussion as a context for teacher's professional development in the elementary mathematics, **Ph.D., the University** North Carolina at Urbana- chapel Hill

112- Chan, Tak-Wai, et.al (1997). A Model Of World- Wide Education Web, In: **Proceedings Of International Conference On Computers In Education** , Malaysia , 1997

113- Codone , Susan ,2001, **An E - learning Primer**

114- Cox, M. J. (1997) **The Effects of Information Technology on students' Final Report.** NCET/King's College London

115- Des (1991): Report Of The It In Ttt Expert Working Group , London, Des **A Paper Presented In The Annual Meeting Of The National Association For Research In Science**

■■ المراجـــع ■■

116- Drier, H. (2001). Teaching and Learning Mathematics with Interactive spreadsheets. School, **Science and Mathematics**, 101(4), pp. 170-179.

117- Driscol, M. (2002).**Web-Based Training: Greating E-Learning Experiences**

118- (2nd ed.). California: John Wiely & Sons, Inc.

119- Dubois J and Will Phillip (1997). The virtual learner: Real learner in a virtual environment. **Paper presented at Virtual learning environment conference. Denver, USA.**

120- Duggan, A.; Hess, B.; Morgan, D.; Kim, S. & Wilson, K. (1999). Measuring students' attitude toward educational use of the internet. **Paper presented at the Annual Conference of the American Educational Research Association** (Montreal, Canada, April 19-23, 1999). ERIC_NO: ED 429117

121- Eagley, A. & Chaiken, S. (1993). **The psychology of Attitudes.** CA: Harcourt Brace.

122- Ebel, Robert, L. (1972). "**Essentialls of Educational Measurements**", Engle Wood Cliff, N.J. Prentice Hall\.

123- European Commission. (2001). **The e-Learning Action Plan: Designing tomorrow's education**, Communication from the Commission to the Council and the European Parliament, COM, 172 final.

124- Emmer, Micheale, ed. (1993), **The Visual Mind: Art and Mathematics.** The MIT Press. A Leonardo Book

125- Ghandour, M. (1990). Learning principles essential for effective computer assisted instruction, in: **Bulletin of the faculty of education**, vol.14, pp.9-26

126- Grant,C. and Scott,T. (1996): The Superhigh way: A Revolutionary means of supporting collaborative work, **International on line Information meeting**, 3-5 December, London, United Kingdom.

127- Hong, K., et al, (2003). Students Attitudes towards the Use of the Internet for Learning: A Study at University in Malaysia. **Educational Technology & Society**, 6(2): 45-49.

128- Horton, W. & Horton, K. (2003). E-learning tools and technologies: A consumer's guide for trainers, **teachers, educators, and instructional**

designers. Indianapolis, Indiana, Wiley Publishing Inc. pp. 591. ISBN: 0471444588.

129- Hum. D. Ladouceur, A. (2001). **E-Learning the new frontier**. Internet\

130- Kaput,J. J.,1992,**The hidden mathematics of every day life**. Robson Books London.

131- Keegan, Desmond. (1995). "Teaching and Learning by satellite in a European Classroom" **open and distance Learning today**, Rout Lege.

132- Kirk ,Wood, Advian.(1995). "Over threshold: Technology for Home Learning". **Open and distance Learning today**, Rout Ledge.

133- Kurse, K. (2003). **What's in name chief learning officer solutions for enterprise productivity**. USA. (internet).

134- Leiw, R. (1997). How real is my Virtual University. **Paper presented at Virtual learning environment conference**. Denver, USA.

135- Moneta, S., Moneta, G., B. (2002). E-Learning in Hong Kong: comparing learning outcomes in on line multimedia and lecture version of an introductory computing course. **British Journal of Educational Technology, 33(4)**.

136- Moyer, P. S. (2001). Are we having fun yet? How teachers use manipulatives to teach mathematics. **Educational Studies in Mathematics, 47(2), 175-197.**

137- Moyer, P. S., & Jones, M. G. (2004). Controlling choice: Teachers, Students, and Manipulatives in Mathematics Classrooms. **School Science and Mathematics,** *104*(1), 16-31

138- Qiu, H. (2003). **Effectiveness of e-learning**. //A:page\Files\Slide…1.htm.

139- Speier, C. et al.,2000. Attitudes toward computers: the impact on performance. (On-line). Available: http://hsb.baylor.edu/ramsower/ acis/ **papers/speier.htm** (2000, Dec. 15)

140- Speier, C. et al.,2000. Attitudes toward computers: the impact on performance. (On-line). Available: http://hsb.baylor.edu/ ramsower/ acis/papers/speier.htm (2000, Dec. 15)

141- Van de Walle, J. A. (2001). **Elementary and Middle School Mathematics: Teaching developmentally** (4th ed.). New York: Longman

الملاحق

أخي الكريم مدرس الرياضيات

أختي الكريمة مدرسة الرياضيات

السلام عليكم ورحمة الله وبركاته

يقوم الباحث بدراسة التفكير باستخدام الحاسوب في تحليل خطوات الرياضيات راجين مساعدتكم في الإجابة ولا داعي لذكر الاسم إذ أن معلوماتكم تفيدنا في إجراءات البحث والتقدم العلمي للعملية التربوية شاكرين تعاونكم سلفا......

الباحث آريان عبد الوهاب قادر

أولا بيانات عامة ضع علامة (✓) أمام المربع الذي يشملكم.

الجنس	ذكر		أنثى	
1- هل دخلت دورات أو برامج تدريبية في استخدام الحاسوب.	نعم		لا	
2- هل دخلت دورات أو برامج تدريبية في استخدام الانترنيت.	نعم		لا	
3- هل تستخدم الحاسوب لمساعدتك في تدريس الرياضيات.	نعم		لا	
4- هل تستخدم الانترنيت لمساعدتك في تدريس الرياضيات.	نعم		لا	
5- هل لديك بريد الالكتروني تتواصل فيه مع من تعرف.	نعم		لا	

إذ كنت لا تستخدم الحاسوب أو الانترنيت في تدريس الرياضيات. هل السبب يعود للآتي:				
1- عدم توافر مثل هذه الوسائل في المدرسة.	نعم		لا	
2- لم يطلب منك احد ذلك.	نعم		لا	
3- لا يوجد لدينا اطلاع حول الموضوع.	نعم		لا	
4- لا يوجد موضوع في الرياضيات ممكن أن استفاد من الانترنيت والحاسوب في تدريسه.	نعم		لا	
5- لا اعرف استخدام الحاسوب.	نعم		لا	
6- لا اعرف استخدام الانترنيت.	نعم		لا	
7- لا اعرف كيف اعد مادة الرياضيات بمساعدة الحاسوب.	نعم		لا	
8- لا اعرف كيف اعد مادة الرياضيات بمساعدة الانترنيت.	نعم		لا	
9- لا يتواجد حاسوب في المدرسة متاح ويمكن استخدامه.	نعم		لا	
10- لا املك حاسوب في البيت.	نعم		لا	
11- لا يتوافر لي خط انترنيت في البيت.	نعم		لا	
12- لا استخدم الانترنيت من مكان خارج البيت.	نعم		لا	
13- عدم قناعة بعض المسؤولين في المدرسة او مديرية التربية بأهمية الحاسوب.	نعم		لا	
14- عدم وجود الوقت الكافي لدى المدرس لاستخدام الحاسوب في التدريس.	نعم		لا	
15- صعوبة التعامل مع اللغة الانكليزية التي هي من متطلبات إتقان استخدام الانترنيت.	نعم		لا	

في الأسئلة الآتية الخاصة باستخدام الحاسوب والانترنيت لطفا أشر على الحقل الذي يتناسب معك بإشارة (✓).

ت	الفقرة	درجات الموافقة			
		عالية	متوسطة	ضعيفة	معدومة
1	أتدرب على استخدام الحاسوب في تدريس الرياضيات.				
2	اشترك مع مدرسين آخرين في تحضير بعض المواد الرياضيات في الحاسوب.				
3	اعرض للطلبة بعض النظريات في الهندسة على الحاسوب.				
4	استطيع استخدام برنامج مايكروسوفت ورد في تدريس الرياضيات.				
5	استطيع استخدام برنامج البوربوينت في تدريس الرياضيات.				
6	استطيع استخدام برنامج الأكسل في تدريس الرياضيات.				
7	استطيع استخدام برنامج الفوتوشوب في تدريس الرياضيات.				
8	أنفذ خططي اليومية في الرياضيات باستخدام الحاسوب.				
9	أنتج الوسائل التعليمية الخاصة بالرياضيات باستخدام الحاسوب.				
10	استخدم البريد الالكتروني للتواصل مع أولياء أمور الطلبة الضعفاء في الرياضيات				

11	اسـتخدم البريـد الالكـتروني للتواصـل مـع الطلبـة في واجبات الرياضيات.				
12	أتابع البحوث والدراسات التـي توظـف الرياضيات في الانترنيت.				
13	أتابع البرامج التي تقـدم الرياضيات بأسـلوب مبسـط ومشوق.				
14	أوجه طلبتي للاستعانة بالانترنيت في فهم الرياضيات.				
15	أتابع باستمرار مواقع تخص الرياضيات.				
16	أحسـن اسـتخدام تقنيـات البحـث في الانترنيـت فـيما يختص بالرياضيات وتدريسها.				
17	أرى أن الحاسـوب يسـاعدني كثـيرا في تـدريس الرياضيات.				
18	اسـتثمر بعـض أوقـات فراغـي لزيـادة معلومـاتي في الرياضيات من خلال الانترنيت.				
19	أوجـه طـلابي بكتابـة بحـوث في الرياضيات بمسـاعدة الانترنيت.				
20	أحفظ سجلاتي وكـل مـا يتعلـق باختبـارات الطلبـة في الحاسوب.				
21	اطلب من طلبتي إعـداد مصورات معـدة بالحاسـوب تصلح لنشرات في الرياضيات				
22	أتابع إلغاز في الرياضيات ومحاولـة حلهـا مـن شـبكة الانترنيت.				

23	استعين بالحاسوب لتوضيح بعض الأفكار في الرياضيات.				
24	أستخدم الحاسوب بوصفه وسيلة تعليمية في تدريسي للرياضيات.				
25	حصلت من الانترنيت على أدلة للمدرس الرياضيات لمراحل مختلفة.				
26	اشتركت في منتديات خاصة بالرياضيات واتواصل معهم.				
27	تعرفت على مواقع متعددة متخصصة بالرياضيات.				
28	امتلك بعض البرامج التي تخص الرياضيات.				
29	استخدم الحاسوب لتنظيم امور التدريس في الرياضيات.				
30	اعد الحاسوب والانترنيت من التقنيات الحديثة في تدريس الرياضيات.				
31	لي معرفة في لغات الحاسوب.				
32	احرص على الاطلاع على مختلف برمجيات الحاسوب المتوافرة في الاسواق في مجال الحاسوب.				
33	يساعدني الانترنيت في تنمية قدراتي على حل المشكلات التي تواجهني في الرياضيات.				
34	استعين بالأسئلة الأثرائية من الانترنيت في الاختبارات المدرسية.				

35	استفد من مناهج الرياضيات في البلـدان العربيـة مـن خلال الانترنيت.					
36	استخدم الحاسـوب لأغـراضي الشخصـية مثـل(طباعـة الأبحاث، إعداد الاختبارات).					
37	أكلف طلبتي ببعض الأعـمال التـي تتطلـب اسـتخدام الحاسوب.					
38	استخدم الحاسوب كمعين في تدريس الرياضيات (مثل عرض القوانين، الأمثلة).					
39	اســتخدم الحاســوب لتوضــيح بعــض المجســمات الرياضية.					
40	استخدام شبكة الانترنت بصفتها وسيلة بحثية يتم من خلالها تبادل المعلومات العلميـة والبحـوث والخـبرات التعليمية من خلال البريد الالكتروني					

في الأسئلة الآتية الخاصة بالاتجاه نحو استخدام الحاسوب والانترنيت لطفا أشر على الحقل الذي يتناسب معك بإشارة(✓).

ت	الفقرة	درجات الموافقة			
		عالية	متوسطة	ضعيفة	معدومة
1	أرى أن استخدام الحاسوب مضيعة للوقت في تـدريس الرياضيات.				
2	اشعر أننـي لسـت بحاجـة إلى اسـتخدام الحاسـوب في تدريس الرياضيات.				
3	أريـد أن اعـرف المزيـد عـن الحاسـوب وتوظيفـه في تدريس الرياضيات.				
4	أحـب الاشـتراك في دورات تدريبيـة حـول الحاسـوب وتوظيفه في تدريس الرياضيات.				
5	اعد الحاسوب أداة مهمة يجب أن يدرب عليها مدرس الرياضيات				
6	يجـب أن تتضـمن منـاهج إعـداد مـدرس الرياضيات مقررات عن الحاسوب وتوظيفه.				
7	اشعر بضيق عندما يتحدث معي احد عـن الحاسـوب واستخدامه في تدريس الرياضيات.				
8	أرى أن الحاسوب ضرورة ملحة لمدرس الرياضيات.				
9	استخدام الحاسوب والانترنيت يشجع العمل الجماعي في فهم طبيعة الرياضيات.				
10	اسـتغرب لمـا اسـمع شـخص يقضي أوقـات طويلـة باستخدام الحاسوب.				

11	أرى أن زيادة الاعتماد على الحاسـوب تعطيـل للعقـل البشري.					
12	احرص على قـراءة المجـلات والـدوريات المتخصصـة في الرياضيات من خلال الانترنيت.					
13	أجد في نفسي الرغبة لاسـتخدام الحاسـوب في تـدريس الرياضيات.					
14	أرى أن الحاسوب يقلل من دور مدرس الرياضـيات إذ تم توظيفه للتدريس.					
15	اشـعر أن اسـتخدام الحاسـوب لا يسـهم في تطـوير تدريس الرياضيات.					
16	أرى أن الحاسـوب يقلـل مـن التفاعـل بـين مـدرس الرياضيات والطالب في الصف.					
17	أرى أن استعمال الحاسوب يجعل تدريس الرياضيات آليا.					
18	أرى أن الحاسـوب والانترنيـت يحفـزان الطـلاب عـلى حب الرياضيات.					
19	احرص على التعلم عبر الانترنيت يحفزان الطلبـة عـلى حب الرياضيات.					
20	أحرص على التعلم عبر الانترنيت طالما أنه متاح.					
21	أؤيد استخدام الانترنيت في توظيفه كمعـين لتـدريس الرياضيات.					

22	اعتقـد أن توظيـف الانترنيـت في تـدريس الرياضيات شيء متعب ومجهد.				
23	توظيـف الانترنيـت في تـدريس الرياضيات مضيعة للوقت.				
24	التعلم عبر الانترنت يسهم في حل كثير مـن المشـكلات التي يعاني منها التعليم التقليدي.				
25	اشـعر بـأن توظيف الانترنـت في تـدريس الرياضيات يعزلني عن طلبتي.				
26	أتمنـى أن تتـاح لي الفرصـة في المشـاركة منتـديات تعليمية في تدريس الرياضيات عبر الانترنيت.				
27	أساعد الذين لديهم صعوبات في تعلم الرياضيات عـبر الانترنيت.				
28	أحـب أن اقـرأ أي شيء غـير توظيـف الانترنيـت في تدريس الرياضيات.				
29	أتوقـع أن تزيـد حصيلتي للغـة الانكليزيـة بكـثرة استخدامي للانترنيت بالتعلم.				
30	أتجنب الاشتراك في منتديات تخص الأنشطة التعليمية للرياضيات عبر الانترنيت.				
31	أتمنـى أن تحتـوى الوسـائل التعليميـة المسـاعدة في التـدريس عـلى موضـوعات خاصـة بكيفيـة توظيـف الانترنيت في تدريس الرياضيات.				
32	أرى أن الـتعلم عـبر الانترنيـت يضـعف الـترابط الاجتماعي بين الأفراد.				

33	أرى أن التعلم عبر الانترنيت سيحدث ثـورة في عمليـة تعلم وتعليم الرياضيات.				
34	أرى أن توظيف الانترنيت في تدريس الرياضيات ينمي تفكير المدرس.				
35	لا ارغـب بتوظيـف الحاسـوب والانترنيـت في تـدريس الرياضيات.				
36	احرص على عمل قائمـة بمواقـع الانترنيـت التـي تهـتم بتدريس الرياضيات.				
37	أرى أن توظيف الانترنيت في تدريس الرياضيات يقلـل من تحصيل الطلبة فيها.				
38	اشـعر بالمتعـة عنـدما أتواصـل النقـاش بـأمور تخـص تدريس الرياضيات عبر الانترنت				
39	اشعر إنني قادر على تعلم لغة المستخدمة في الانترنت بسهولة.				
40	إميـل إلى صـداقة الأشـخاص المتخصصـين في مجـال الانترنت.				

Printed in the United States
By Bookmasters